God Jul
GOD JUL!
NERMAN
En God Jul!
God Jul
GOD JUL

hygge
CHRISTMAS

hygge CHRISTMAS

DIE SCHÖNSTEN REZEPTE & BRÄUCHE FÜR **EIN SKANDINAVISCHES WEIHNACHTSFEST**

BRONTË AURELL | FOTOS PETER CASSIDY

CHRISTIAN

Widmung *Til Mor og Far*

Produktmanagement: Sonya Mayer
Übersetzung aus dem Englischen: Birgit van der Avoort
Redaktion der Rezepte: Dr. Regina Roßkopf
Korrektur: Franziska Sorgenfrei
Satz: Akademischer Verlagsservice Gunnar Musan
Umschlaggestaltung: Helene Avtuschko
Foodstyling: Kathy Kordalis
Requisitenstyling: Tony Hutchinson
Herstellung: Barbara Uhlig
Gesamtherstellung: GeraNova Bruckmann

Die Deutsche Nationalbibliothek verzeichnet diese Publikation in der Deutschen Nationalbibliografie; detaillierte bibliografische Daten sind im Internet über http://d-nb.de abrufbar.

Die Originalausgabe mit dem Titel *Skandikitchen Christmas* erschien 2018 im Verlag Ryland Peters & Small, 20–21 Jockey's Fields, London WC1R 4BW / Ryland Peters & Small, Ltd, 341 E 116th St., New York NY 10029, www.rylandpeters.com

ISBN 978-3-95961-258-6

★★★★★

Sind Sie mit diesem Titel zufrieden? Dann würden wir uns über Ihre Weiterempfehlung freuen. Erzählen Sie es im Freundeskreis, berichten Sie Ihrem Buchhändler oder bewerten Sie bei Onlinekauf. Und wenn Sie Kritik, Korrekturen, Aktualisierungen haben, freuen wir uns über Ihre Nachricht an: Christian Verlag, Postfach 40 02 09, D-80702 München oder per E-Mail an lektorat@verlagshaus.de

Unser komplettes Programm finden Sie unter:

www.christian-verlag.de

Hinweise

- Für die Rezepte wird, soweit nicht anders angegeben, ungesalzene Butter verwendet.
- Es werden Eier der Größe M (mittelgroß) verwendet, falls nicht anders angegeben. Ältere Menschen, Kranke, Kinder, Schwangere oder Menschen mit Problemen des Immunsystems sollten Rezepte mit rohen oder halbrohen Eiern meiden.
- Die im Buch genannten Backofentemperaturen beziehen sich auf Ober-/Unterhitze. Das Backergebnis kann je nach Gerät variieren. Bei Umluft die Temperaturen gemäß den Angaben des Geräteherstellers anpassen (etwa 20 °C weniger als bei Ober-/Unterhitze). Die Angaben für Gasbeziehen sich auf Geräte mit 8–9 Heizstufen und sind lediglich grobe Richtwerte, die variieren können. Falls nicht anders angegeben, immer die mittlere Einschubleiste benutzen.
- Bei der Verwendung von Zitrusschalen (Abrieb, Zesten etc.) sollten stets unbehandelte Zitrusfrüchte verwendet werden.

Dank der Autorin
Die Autorin dankt Mac & Wild/Ardgay Game Inverness für die Versorgung mit dem besten Wild, The Swedish Church in London für das Dala-Pferd und Jon Anders Fjelsrud für die Unterstützung bei den Aquavit-Cocktails.

Bildnachweis
Alle Fotografien im Buch stammen von Peter Cassidy, mit Ausnahme von: Seite 28 (links): Merethe Svarstad Eeg/EyeEm/Getty Images; Seite 28 (rechts): Johner Images/Getty Images; Seite 29 (links): Jo Tyler/Ryland Peters & Small; Seite 29 (Mitte): Anjelika Gretskaia/Getty Images; Seite 29 (rechts): Johner Images/Getty Images; Seite 76 (links): Torbjorn Arvidson/ Getty Images; Seite 76 (Mitte): Johner Images/Getty Images; Seite 77 (rechts): Johner Images/Getty Images; Seite 100 (links): Cultura RF/Christoffer Askman/Getty Images; Seite 100 (rechts): Johner Images/Getty Images.

INHALT

EINLEITUNG

Das erste Weihnachten in ScandiKitchen vor über zehn Jahren war für mich und meinen Mann Jonas eine echte Offenbarung, denn wir wussten nicht, was es bedeutete, ein Café und ein Lädchen zu betreiben, die all die Lebensmittel boten, die Skandinavier in der Fremde so schmerzlich vermissen. Die emotionale Wirkung auf unsere Kunden war überwältigend. Es machte uns demütig zu erleben, wie Menschen in unserem kleinen Laden standen, Tränen in den Augen, weil sie nicht nach Hause fahren konnten und wir ihnen ihre Lebensmittel und ihre Traditionen lieferten. Egal, woher man stammt, wenn einen das Heimweh überkommt, kann nur ein echtes Stück Heimat den Schmerz lindern. Speisen und Lebensmittel mit dem Aroma, dem Geschmack und den tief verwurzelten Erinnerungen an Zuhause bringen uns zurück in die Vergangenheit. Mit nur einem Biss fühlt man sich gleich wieder daheim – wenn auch nur für einen klitzekleinen Moment.

Ob wir nun einer Norwegerin helfen, die Kekse nach dem Rezept ihrer Großmutter zu backen, einem Dänen eine ganz bestimmte Kirschsauce liefern und einem Schweden mit einer Flasche *glögg* glücklich machen – Jonas und ich empfinden es als Privileg, Skandinavier im Ausland zu unterstützen und britisch-skandinavischen Familien zu zeigen, wie sie neue Gerichte in ihr klassisches Weihnachtsmenü einbauen können. In den vergangenen Jahren habe ich zahlreiche Anleitungen zur Zubereitung von Weihnachtsmenüs geschrieben.

Am ersten Adventssonntag können wir das Heimweh nach Skandinavien stillen und allen Interessierten von unserer Freude an Weihnachten erzählen. Auch wenn es draußen dunkel und bitterkalt ist, so ist unser Herz von unglaublicher Wärme erfüllt. Unser Zuhause wird von Kerzen erleuchtet, wir servieren selbst gemachte Leckereien und Glühwein und gewähren Außenstehenden Einblick in unsere sonst eher zurückhaltende Seele. In ganz Skandinavien duftet es mit einem Mal nach Zimt und Ingwer, und wir sehnen uns nach den ersten Schneeflocken, die uns noch tiefer in unsere weihnachtliche Welt von *hygge* einkuscheln lassen. Wir Skandinavier begegnen der Weihnachtszeit mit derart viel Authentizität, dass Menschen von außerhalb sich diesem Zauber nur schwer entziehen können.

Skandinavien ist groß, unsere Essenkultur ist äußerst vielfältig, und so konnte ich in diesem Buch auch nicht alles unterbringen, sonst hätte sein Umfang den Rahmen gesprengt. Ich habe versucht, Tradition und neue Ideen zu kombinieren, und hoffe, dass du genug Anregungen für ein echtes skandinavisches Weihnachtsfest erhältst. Dieses Buch entstand in meiner warmen Küche bei Kerzenschein, mit dem nie enden wollenden Duft von Gewürzen und Weihnachtsmusik im Hintergrund. Alle Rezepte wurden von Menschen getestet, die ich liebe. Ich hoffe sehr, dass meine Töchter dieses Buch später an ihre Enkel weitergeben, um ihnen zu zeigen, wie sie mit der Familie Weihnachten feierten, als sie als skandinavische Kinder in London aufwuchsen.

God jul

Brontë

DER SKANDINAVISCHE WEIHNACHTS-VORRATSSCHRANK

»Was kann ich stattdessen verwenden ...« ist wahrscheinlich die häufigste Frage, die mir gestellt wird, wenn von skandinavischen Rezepten die Rede ist. Die zweite Frage ist dann, wie ein bestimmtes Gewürz auf Englisch heißt (ich werde auch von vielen heimwehkranken Skandinaviern gebeten, etwas vom Englischen in eine der skandinavischen Sprachen zu übersetzen). Manchmal sind die Antworten gar nicht so einfach. Deshalb habe ich hier eine Übersicht über die gebräuchlichsten Zutaten für das weihnachtliche Kochen und Backen zusammengestellt, ergänzt um die Namen in Dänisch, Schwedisch und Norwegisch.

BEEREN

Moltebeeren

nultebær (D), hjortron (S), multe (N)

Diese orangefarbenen Beeren, die abgesehen von der Farbe ein wenig an dicke Himbeeren erinnern, wachsen wild und sind nur schwierig anzubauen. Sie können nicht maschinell geerntet, sondern nur von Hand gepflückt werden. Und auch dabei muss man sehr vorsichtig vorgehen, da sie schnell aufplatzen. Sie haben nur drei Wochen Saison, was die hohen Preise für diese seltene Frucht erklärt. Tiefgefühlte Moltebeeren sind zwar einfacher zu bekommen, aber immer noch sehr teuer. In Feinkostläden oder im Internet kann man Moltebeerenkonfitüre kaufen, die sich gut für fast alle Rezepte verwenden lässt.

Die Moltebeere ist säuerlich im Geschmack und passt gut zu Äpfeln, würzigem Käse und zu Vanille (flüssig und leicht erwärmt schmeckt die Konfitüre wunderbar zu Vanilleeis). Es ist schwierig, ihren Geschmack in einem Rezept zu ersetzen – und eine säuerliche Himbeere kommt ihr geschmacklich wahrscheinlich am nächsten.

Preiselbeeren

tyttebær (D, N), lingon (S)

Nordskandinavier haben Preiselbeeren ganzjährig im Tiefkühlfach; im August werden frische Beeren gepflückt. Die Beere ist klein, rot und säuerlich und wächst in Schweden, Norwegen und Finnland im Überfluss. Sie gehört zur selben Familie wie die Cranberry. Die Säure der Preiselbeere macht sie zu einer guten Begleiterin von Fleisch (bekanntlich wird sie mit Fleischbällchen serviert). Preiselbeeren können auch in Keksen und Kuchen verarbeitet werden – kombiniere die Beeren mit etwas Süßem, denn sie sind sehr sauer im Geschmack. Du kannst Preiselbeeren auch durch Cranberrys oder Himbeeren ersetzen.

Sanddornbeeren

havtorn (D, S), tindved (N)

Sanddorn wächst wild in Skandinavien, in Teilen von Großbritannien, in einigen Regionen Kanadas und weiter östlich bis nach China. Die Beeren schmecken roh nicht besonders gut und einige Menschen finden schon den Geruch von frischem Sanddornsaft äußerst unangenehm! Doch mit Zucker ändert sich die geschmackliche Komplexität. Sanddornbeeren schmecken gut in Konfitüren und Desserts. Sie sind zudem gesund, da sie viel Vitamin C und Karotinoide enthalten.

KRÄUTER & GEWÜRZE

Dill

dild (D), dill (S, N)

Wir verwenden jede Menge Dill für Salate, Fisch und Hähnchen. Dillblüten werden wegen ihres intensiven Aromas häufig für Krebsfeste verwendet. Dillblüten sind außerhalb Schwedens nur schwer zu bekommen, doch du kannst deine eigenen Dillblüten ziehen oder sie durch frischen Dill ersetzen.

Fenchelsamen

fenikelfrø (D, N), fänkålsfrö (S)

Fenchelsamen wird hauptsächlich in Brot verarbeitet – sowohl in Laiben als auch zum Aromatisieren von Knäckebrot.

Gewürznelken
nellike (D), nejlika (S), nellik (N)
Gewürznelken werden als Zutat für Aquavit und Glühwein verwendet und manchmal auch für den schwedischen Weihnachtsschinken. Zerstoßene Gewürznelken sind beliebt in Keksen und anderen Backwaren. In Dänemark werden in der Vorweihnachtszeit frische Orangen mit ganzen Gewürznelken gespickt und als Fensterdekoration genutzt – eine großartige Methode, um den Duft von Weihnachten ins Haus zu holen! Das Wort *krydd* (Gewürz) wird in allen drei Sprachen manchmal vor das Wort Gewürznelke gesetzt.

Ingwer
ingefær (D, N), ingefära (S)
Gemahlener Ingwer findet sich oft in Gebäck und Kuchen. Ganze getrocknete Ingwerwurzel ist eine wichtige Zutat für den Glühwein, während frischer Ingwer in Skandinavien weniger verarbeitet wird.

Kardamom
kardemomme (D, N), kardemumme (S)
Es waren angeblich die Wikinger, die dieses Gewürz von ihren Beutezügen aus Konstantinopel (dem heutigen Istanbul) mitbrachten, doch diese These ist umstritten. Allerdings verwendete um 1300 ein dänischer Mönch Kardamom in einem Kochbuch (*Libellus de arte coquinaria*), das von maurischen Rezepten inspiriert war. Dies gilt als erster Nachweis für die Existenz von Kardamom in der skandinavischen Küche. Heute verwenden wir häufig Kardamom, so auch für den Teig unserer berühmten Zimtschnecken. Ich kaufe meist die kleinen Kapseln und zermahle sie in der Gewürzmühle, um den optimalen Geschmack zu bekommen – er ist um Längen besser als die gemahlenen Sorten und gibt den Schnecken erst dieses wunderbare Aroma.

Kümmel
kommen (D), kummin (S), karve (N)
In Dänemark und Schweden ist Kümmel als *kommen* und *kummin* bekannt, was ähnlich klingt wie der Name für Kümmel. Daher wird es in Rezepten oftmals fälschlicherweise als Kumin übersetzt (Kreuzkümmel ist *spidskommen* oder *spiskummin*). Wir verwenden häufig Kümmelsamen für Brotteige und Käse.

Safran
safran (D, N), saffran (S)
Genau wie bei Kardamom ist die Herkunft von Safran in der skandinavischen Küche unklar. Einige behaupten, dass er über die alten asiatischen Handelswege zu uns kam, während andere überzeugt sind, dass er von Frankreich und Italien seinen Weg nach Norden gefunden hat. Auf jeden Fall ist Safran in Skandinavien nur besonderen Gelegenheiten vorbehalten, zum einen wegen des hohen Preises (wenn du ihn in Skandinavien suchst, findest du ihn wahrscheinlich hinter/unter der Ladentheke). In der Weihnachtszeit ist er eine wichtige Zutat für die Lucia-Brötchen. Wir verwenden meistens gemahlenen Safran, aber alternativ können die Fäden zuerst gemahlen werden. Für eine intensive Farbe die Fäden vor der Verwendung in warmem Wasser einweichen.

Salz
salt (D, S, N)
Skandinavier konservieren seit vielen Jahrhunderten ihre Lebensmittel in Salz, sodass es kaum überrascht, dass wir es reichlich verwenden – für herzhafte Gerichte ebenso wie zum Bestreuen von Keksen und Kuchen. Jedes Salz ist anders, aber wenn du irgendwann einmal die Marke North Sea Salt Works entdeckst, dann solltest du dieses Salz kaufen.

Schale von Sevilla-Orangen
pomeransskal (D, S), pomeransskall (N)
Diese verwenden wir für Glühwein und in getrockneter Form für Weihnachtsbrote und -gebäck. Du kannst stattdessen die abgeriebene Schale anderer unbehandelter Orangen verwenden, doch ihr Aroma ist weniger fein.

Vanille
vanille (D), vanlij (S), vanilje (N)
In vielen skandinavischen Kochbüchern wird in Rezepten Vanillezucker verwendet, der ein einfacher Ersatz für ganze Vanilleschoten ist. Du findest ihn in

skandinavischen Lebensmittelläden oder kannst ihn leicht selbst herstellen: Dazu 275 g Puderzucker mit zwei getrockneten Vanilleschoten in der Küchenmaschine oder in der Gewürzmühle zu Pulver zermahlen. Einmal sieben, um die holzigen Stücke zu entfernen, und nach Belieben verwenden. Ebenso gut kannst du Vanilleextrakt oder Vanilleschoten verwenden. Wenn du Vanille kaufst, dann ist Tørsleffs eine tolle Marke.

Zimt
kanel (D, S, N)
Einige billige Zimtsorten stammen von der Rinde des Cassia-Zimtbaums und enthalten eine hohe Konzentration an Cumarin, das in größeren Mengen ungesund ist. Deshalb möglichst den hochwertigen Ceylon-Zimt wählen, der weniger Cumarin enthält und besser schmeckt.

ÖL, ESSIG & SENF

Rapsöl
rapsolie (D), rapsolja (S), rapsolje (N)
Gesundes Rapsöl ist überall in Skandinavien sehr beliebt. Jedoch gibt es Unterschiede und ein minderwertiges Öl ist nicht immer gut für ein Gericht. Deshalb wähle besser eine hochwertige Sorte.

Senf
sennep (D, N), senap (S)
Skandinavier bevorzugen kräftigen süßen Senf. Du kannst einen körnigen Dijonsenf verwenden, doch für einige Rezepte musst du eine Prise Zucker hinzufügen, da unsere Senfsorten – auch die kräftigen – meist leicht süßlich sind. Für schwedische Weihnachtsrezepte wird häufig ein regionaler Senf aus der südlichen Region Skåne (*skånk senap*) verwendet. Wenn du den nicht bekommen kannst, dann gib etwas Zucker zum körnigen Dijon.

Weinessig (24 %)
eddike (D), ättika/ättikspirit (S), eddik (N)
Dieser sehr starke Essig zum Einlegen muss entsprechend der Rezeptangabe verdünnt werden – meist 5–6 % für Gemüse, 12 % für Hering oder anderen gebeizten Fisch. Den Essig findest du in skandinavischen oder chinesischen Supermärkten.

HEFE & BACKTRIEBMITTEL

Frische Hefe
gær (D), jäst (S), gjær (N)
Ich verwende immer frische Hefe, wobei 25 g frische Hefe etwa 13 g aktiver Trockenhefe (dieses feine Hefegranulat 15 Minuten vor der weiteren Verwendung in warmes Wasser einrühren, damit es seine volle Wirkung entfaltet) entspricht. Inaktive Trockenhefe (in Tütchen) ist ebenfalls eine Möglichkeit – für die Mengenverhältnisse den Herstellerangaben folgen und zuerst die trockenen Zutaten und dann die feuchten hinzufügen. Wenn die Flüssigkeit wärmer als 36–37 °C ist, tötet sie die Hefe. Das Gleiche passiert, wenn Salz direkt zur Hefe gegeben wird. Frische Hefe lässt sich gut einfrieren, wird aber beim Auftauen flüssig. Deshalb am besten in kleine Beutel packen.

Hirschhornsalz
hjortetaksalt (D), hjorthornssalt (S), hornsalt (N)
In vielen alten Rezepten wird Hirschhornsalz verwendet, damit Gebäck gut aufgeht und bei geringen Temperaturen knusprig wird. Es gibt beim Backen einen starken Ammoniakgeruch ab, der aber verschwindet, wenn das Gebäck abkühlt. Ich habe Hirschhornsalz in diesem Buch nicht verwendet. Du kannst es im Internet, in der Apotheke oder in skandinavischen Lebensmittelläden kaufen. Traditionell wurde es früher aus dem gemahlenen Geweih junger Hirsche hergestellt, ist heute jedoch chemischer Natur. Du kannst es durch Backpulver ersetzen, obwohl das Backergebnis dann weniger knusprig wird.

Pottasche
potaske (D), kaliumkarbonat (S, N)
In vielen alten dänischen und deutschen Rezepten wird Pottasche verwendet, denn es ist ein starkes chemisches Hilfsmittel, das für eine feine knusprige Kruste bei Gebäck sorgt. Zwar wird Gebäck wirklich knusprig, aber Natron ist eine gute Alternative, solange im Rezept Flüssigkeit aufgeführt ist (wenn nicht, dann besser auf Backpulver zurückgreifen). Wenn du Pottasche verwendest, achte darauf, dass sie lebensmittelecht ist und vorher in Flüssigkeit aufgelöst wird. Ich verwende sie nicht in diesem Buch.

MEHL & KÖRNER

Dinkelmehl

speltmel (D, N), dinkelmjöl/speltevetemjöl (S)

Dinkel ist eine alte Getreidesorte, die weniger ausgemahlen wird. Angeboten werden sowohl helles Dinkelmehl als auch Dinkelvollkornmehl, wobei Letzteres weniger Gluten als andere Weizenmehle enthält.

Haferschrot

havre (D, S, N)

Haferflocken werden meist für Porridge, Knuspermüsli, Müsli oder als Backzutat verwendet. Zum Frühstück essen wir auch Haferschrot in Milch eingeweicht, Haferflocken oder Hafergrütze werden jedoch bevorzugt. Hafermehl hingegen findet kaum Verwendung.

Helles Roggenmehl (Type 997)

Dieses gesiebte helle Roggenmehl ist nicht so weiß wie zweifach ausgemahlenes Roggenmehl. Ich verwende es sehr gern zum Backen, es ist aber nicht immer überall erhältlich.

Kartoffelmehl

kartoffelmel (D), potatismjöl (S), potetmel (N)

In einigen Rezepten wird Kartoffelmehl zum Andicken einer Sauce oder eines Gerichts verwendet. Sobald die Kartoffelstärke hinzugegeben wird, sollte das Gericht nicht mehr kochen (vor allem nicht bei Saucen auf Fruchtbasis, denn diese würden nach dem Kochen trübe). Du kannst es durch Maismehl/Speisestärke ersetzen. Wenn du ein weniger trübes Ergebnis wünschst, dann ist Pfeilwurzmehl eine gute Alternative.

Malz

malt (D, S, N)

Du kannst Malzproteinpulver oder -sirup im Internet kaufen. Wir nehmen manchmal ein Malzbier mit wenig Alkohol für unseren Roggenbrotteig. Falls du kein Malz bekommen kannst, dann nimmst du stattdessen einfach dunklen Sirup für Roggenbrot.

Roggenflocken

rugflager (D), rågflingor (S), rugflak (N)

Ich liebe Roggenflocken wegen des nussigen Geschmacks und des Bisses, vor allem im Knuspermüsli, in Müsliriegeln und im Porridge (mit normalen Haferflocken gemischt). Roggenflocken findest du im Bioladen oder im Reformhaus. Sie müssen etwas länger garen, und man muss etwas mehr kauen als bei Haferflocken. Werden in einem Rezept Haferflocken verwendet, kannst du sie durch 80 % Haferflocken und 20 % Roggenflocken ersetzen.

Roggenmehl

rugmel (D, N), rågmjöl (S)

Die skandinavische Küche ist ohne Roggenmehl kaum vorstellbar. Im Supermarkt wird meist Roggenvollkornmehl angeboten – es ist backstark und kräftig im Geschmack und ideal zum Backen von dunklem Roggenbrot. Weizenmehl kann nicht ohne Weiteres durch Roggenvollkornmehl ersetzt werden – dieses enthält weniger Gluten als Weizenmehl und ist nicht so elastisch. Du kannst etwas experimentieren und zunächst 10 % Weizenmehl durch Roggenmehl ersetzen und dann die Menge mit jedem Mal erhöhen.

Roggen-Weizen-Mehl

rugsigtemel (D), rågsikt (S), siktet rugmel (N)

In Schweden und Dänemark ist eine Mischung aus Roggen- und Weizenmehl sehr gebräuchlich. Sie besteht zu 60 % aus hellem Weizenmehl und zu 40 % aus hellem Roggenmehl, beide jeweils gesiebt. Du kannst es leicht selbst herstellen, indem du die Sorten im richtigen Verhältnis mischst.

Roggenkörner

rugkerner (D), rågkärnor (S), rugkjerner (N)

Es werden zwei Arten von Roggenkörnern angeboten – ganze Roggenkörner oder die gemahlenen oder geschroteten. Du verwendest die ganzen gegarten Körner, wenn du sie für einen Salat oder andere Gerichte verwenden willst, während die geschrotete Variante meist für gutes Roggenbrot verwendet wird. Hier wären ganze Körner zu hart. Wenn du nur ganze Körner findest, kannst du diese auch in der Küchenmaschine mit der

Pulse-Funktion einige Male schnell zerkleinern (nicht zu fein – du möchtest nur halbe Körner).

Weißes Roggenmehl (Type 815 oder 610)
hvid Rugmel (D), vitt rågmjöl (S), hvit rugmel (N)
In diesem Buch verwende ich jede Menge helles Roggenmehl. Es ist inzwischen fast überall erhältlich und ich backe wirklich gern damit. Während Roggenvollkornmehl manchmal etwas streng ist, lässt sich weißes Roggenmehl gut als Ersatz für Weizenmehl verwenden. Allerdings benötigt man trotzdem noch etwas Weizenmehl wegen des Glutens, das für einen elastischen Brotteig sorgt. Im Prinzip wird der Roggen gesiebt und die Spelze entfernt. Das ist zwar weniger gesund, aber man hat trotzdem den Roggengeschmack.

WEITERE ZUTATEN

Aquavit
aquavit (D), akvavit (S), akevitt (N)
Ein Getreidekorn, der mit Kräutern und intensiven Gewürzen (wie Fenchelsamen, Anissamen und Kümmel) aromatisiert ist. Aquavit schmeckt je nach Aroma und Sorte immer wieder anders, sodass es viel zu entdecken und zu experimentieren gibt (etwa bei Cocktails). Die meisten Menschen genießen den Aquavit zum *smorgåsbord* oder mit eingelegtem Hering.

Du kannst jungen Aquavit kaufen (der fast klar ist) oder einen älteren (der Whisky ähnelt). Obwohl trendige Cocktailbars es behaupten, so schmeckt nicht jeder Aquavit eiskalt am besten. Halte dich am besten an die Empfehlungen der jeweiligen Marke. Es gibt mehrere Sorten Aquavit, die, genau wie Whisky, unterschiedlich hergestellt werden, um bestimmte Geschmäcker zu bedienen. Alter Aquavit, wie Aalborg, Nordguld, OP Anderson oder Linie, haben rundere Geschmacksnoten und Farben.

Es ist nicht schwierig, zu Hause einen Drink mit Aquavit selbst zu kreieren, aber ich empfehle dafür als Grundlage Brøndums Klar Schnaps, der speziell dafür gedacht ist, die eigenen Geschmackskomponenten hinzuzufügen. Auch Wodka ist eine gute Basis. Bei der Herstellung von Aquavit solltest du immer daran denken, dass frische Geschmacksnoten wie Dill oder andere Kräuter nur wenige Tage im Alkohol ziehen müssen, während schwere Gewürze wie Zimt oder Lakritzwurzel einige Wochen benötigen.

Buttermilch
kærnemælk (D), kärnmjölk (S), kjernemelk (N)
In der dänischen Küche ist die Buttermilch häufig anzutreffen. Ich verarbeite sie gern in Pfannkuchenteig und Kuchen, und auch sonst lässt sie sich beim Backen vielseitig einsetzen. Statt Buttermilch kannst du Milch mit einigen Tropfen Zitronensaft verwenden und diese Mischung bis zur Weiterverwendung 15 Minuten stehen lassen. Es ist zwar nicht das Gleiche, aber ein guter Ersatz.

Marzipan
marcipan (D), marsipan (S, N)
Marzipan ist nicht gleich Marzipan. Gutes Marzipan enthält mindestens 60 % Mandeln und ist in guten Feinkostläden zu kaufen. Wegen der Menge an verarbeiteten Mandeln kann es ziemlich teuer sein. Wenn du nur Marzipan der Qualitätsstufe 50/50 bekommen kannst, ist das auch okay. Allerdings ist dies etwas schwerer zu verarbeiten, da es mehr Zucker enthält.

Wiener Nugat
wiener nougat (D), wienernougat (S, N)
Dabei handelt es sich um eine Haselnusspralinenpaste mit temperierter Schokolade. Manchmal wird er als Aufstrich angeboten, doch du brauchst für die Rezepte in diesem Buch den Nugat in Blockform. Du kannst Wiener Nugat selbst herstellen, aber es ist schwierig, die gleiche geschmeidige Konsistenz wie bei fertig gekauftem zu erhalten. Die dänische Marke Odense produziert einen wirklich guten Nugat als 250-g-Block.

ADVENTSZEIT

An den Wochenenden im Dezember trifft man sich traditionell mit Freunden, Familie und Nachbarn. Man tauscht sich aus und verbringt Zeit miteinander – und trinkt jede Menge heißen *glögg* (Glühwein). Das Lucia-Fest wird groß gefeiert und man freut sich auf die längeren Tage, die bald kommen. An jedem Sonntag wird eine weitere Kerze angezündet. Der erste Advent ist gleichzeitig der Start in die Weihnachtszeit.

scones med västerbottensost

MINI-KÄSE-SCONES

Ich serviere diese Scones häufig als gefüllte Kanapees. Du kannst auch normalgroße Scones backen. Dazu stichst du einfach größere Kreise aus und verlängerst die Backzeit. Du kannst die Scones pur servieren oder sie aufschneiden und mit einer Schnittlauchcreme füllen. Natürlich schmecken sie wunderbar mit einem dicken Klecks Crème fraîche und rotem Seehasenrogen. Auch ein Stück Räucherlachs ist köstlich.

250 g Weizenmehl Type 405
1 EL Backpulver
1 Prise Paprikapulver
½ TL Salz
frisch gemahlener schwarzer Pfeffer
75 g Butter, gekühlt und gewürfelt
150 g *Västerbotten*-Käse (oder ein anderer würziger Hartkäse, z. B. Pecorino), fein gerieben und in 100 g und 50 g aufgeteilt
125 ml kalte Vollmilch plus nach Belieben mehr zum Bestreichen
50 g Walnusskerne, geröstet und fein gehackt (nach Belieben)
1 Ei, verquirlt, zum Bestreichen

ERGIBT CA. 40 MINI-SCONES

Den Backofen auf 200 °C (Gas Stufe 6) vorheizen.

Das Mehl, das Backpulver, das Paprikapulver, das Salz und den Pfeffer in einer Schüssel mischen und die gekühlten Butterwürfel unterkneten, bis ein krümeliger Teig entsteht. 100 g Käse unterrühren und dann nach und nach die Milch zugießen. Alles zu einem glatten Teig verkneten, dabei zügig arbeiten – weniger ist hier mehr. Der Teig sollte sich gerade eben verbinden. Je stärker der Teig bearbeitet wird, desto fester werden die Scones. Nach Belieben die gehackten Walnüsse untermischen.

Den Teig etwa 1,5 cm dick ausrollen und mit dem verquirlten Ei oder der Milch bestreichen. Den restlichen Käse darauf verteilen und leicht andrücken. Mit einer 3 cm großen runden Ausstechform die Scones ausstechen (aber den Ausstecher nicht hin- und herdrehen). Die Teigreste nochmals ausrollen und weitere Scones ausstechen.

Die Scones auf ein mit Backpapier ausgelegtes Backblech setzen und im vorgeheizten Backofen etwa 8–9 Minuten backen, bis sie leicht gebräunt und schön aufgegangen sind.

ädelost och pepparkakor

BLAUSCHIMMELKÄSE UND INGWERSTANGEN

Als mir in Schweden bei einer Käseplatte zum ersten Mal Ingwerkekse angeboten wurden, fand ich das ziemlich seltsam. Aber es ist eine wirklich großartige Kombination. Du kannst natürlich fertige dünne Ingwerstangen kaufen, aber ich bereite lieber meinen eigenen Teig nach dem Ingwerkeksrezept aus diesem Buch (siehe Seite 56) zu und forme daraus lange Stangen. Ich stelle sie im Glas neben den Dip auf den Tisch.

Der Dip ist eine super Beilage auf einer Adventsparty oder als Snack zu Weihnachten. Das Ingwergebäck passt zu vielen Käsesorten, sodass es bei mir regelmäßig zur Käseplatte serviert wird.

FÜR DEN KÄSEDIP:

200 g Blauschimmelkäse, zerbröckelt (ich nehme gern Kornblomst, aber St. Agur oder Stilton sind ebenfalls gut)

200 g Crème fraîche oder Sauerrahm

100 g Naturjoghurt (3,5 % Fettgehalt)

einige Tropfen Weißweinessig

Salz

frisch gemahlener schwarzer Pfeffer

1 Spritzer Milch (nach Bedarf)

1 Rezept Ingwerkekse (siehe Seite 56)

ERGIBT 5–6 PORTIONEN, ALS TEIL EINES IMBISS-BÜFETTS

Für den Käsedip den Blauschimmelkäse mit der Crème fraîche, dem Joghurt und dem Weißweinessig gut verrühren und mit Salz und Pfeffer würzen. Wenn die Creme noch zu fest ist, etwas mehr Crème fraîche oder einen Spritzer Milch (je nach Käse fällt die Konsistenz der Creme unterschiedlich aus) hinzufügen. Die Creme sollte auf jeden Fall gut zum Dippen sein.

Vor dem Servieren im Kühlschrank kühl stellen.

Für die Ingwerstangen

Den Backofen auf 200 °C (Gas Stufe 6) vorheizen. Den Teig für das Ingwergebäck ausrollen und lange Streifen zuschneiden. Auf ein mit Backpapier ausgelegtes Backblech legen und im vorgeheizten Backofen 7–8 Minuten backen, bis die Stangen an den Rändern leicht gebräunt sind.

æbleskiver

DÄNISCHE WEIHNACHTSKÜCHLEIN

In Dänemark wäre Weihnachten nicht Weihnachten ohne diese kleinen Weihnachtsküchlein. Das Wort *æbleskiver* bedeutet Apfelscheiben, denn im 18. Jahrhundert wurden tatsächlich Apfelscheiben in Teig getaucht und dann frittiert. Heute werden dazu kaum noch Äpfel benutzt – die Bällchen werden meist gebacken, mit Zucker bestaubt, in Himbeerkonfitüre getunkt und gegessen. Ich finde, dass gerade die Äpfel die besondere Note geben. Du kannst die Äpfel aber auch weglassen. Die Bällchen finden sich als *munker* auch in Norwegen. Du brauchst eigentlich eine *æbleskiver*-Pfanne – eine runde Pfanne mit Vertiefungen. Sie kann einfach im Internet bestellt werden.

FÜR DEN TEIG:
3 Eier
300 ml Buttermilch
100 g Crème double
1 TL Vanilleextrakt
1 EL Kristallzucker
½ TL Salz
1 TL Backpulver
½ TL Natron
1 TL gemahlener Kardamom
200 g Weizenmehl Type 405
50 g zerlassene Butter zum Backen
Puderzucker zum Bestauben

FÜR DIE FÜLLUNG:
2 Äpfel, geschält, entkernt und in kleine Stücke geschnitten (nach Belieben)
25 g Butter
2 TL gemahlener Zimt
50 g Kristallzucker
1 TL Vanilleextrakt

Himbeerkonfitüre zum Servieren (nach Belieben)

1 æbleskiver-Pfanne, japanische takoyaki-Pfanne oder normale Bratpfanne

ERGIBT 30 STÜCK

Für den Teig die Eier trennen. Das Eigelb mit Buttermilch und Crème double sowie Vanilleextrakt in einer Rührschüssel verquirlen. Das Eiweiß in einer sauberen Rührschüssel beiseitestellen.

In einer weiteren Schüssel alle restlichen trockenen Zutaten – Zucker, Salz, Backpulver, Natron, Kardamom und Mehl – mischen.

Das Eiweiß mit dem Handrührgerät auf höchster Stufe steif schlagen.

Die Eigelb- und die Mehlmischung verrühren. Dann vorsichtig den Eischnee unterheben. Den Teig vor der weiteren Verwendung etwa 30 Minuten im Kühlschrank ruhen lassen.

Für die Füllung die Zutaten in einem Topf aufkochen und dann leicht köcheln lassen, bis die Äpfel weich gegart sind. (Werden keine Äpfel verwendet, die Zutaten nur im Topf zerlassen.)

Zum Backen der Bällchen die Pfanne stark erhitzen und dann die Temperatur auf mittlere Hitze reduzieren. Die Vertiefungen mit wenig Butter einpinseln und bis 2 ½ cm unter dem Rand mit Teig füllen. Nun 1 TL Apfelstückchen (oder die Füllung ohne Apfel) in die Mitte jeder Vertiefung geben. Einige Minuten backen, dann mit einer Stricknadel oder mit einem Essstäbchen die Küchlein vorsichtig wenden und von der anderen Seite backen. Wenn in den Vertiefungen zu viel Teig ist, wird das Wenden knifflig, aber mit etwas Übung klappt es.

Sobald beide Seiten (3–4 Minuten pro Portion) gebräunt sind, die *æbleskiver* warm halten, bis alle Küchlein gebacken sind.

Mit Puderzucker bestauben und etwas Himbeerkonfitüre dazu servieren.

laksepâté

LACHS-GARNELEN-TERRINE

Dies ist ein köstliches Gericht, das bereits am Vortag zubereitet werden kann und direkt aus dem Kühlschrank serviert wird. Es ist nicht Pastete und nicht Terrine, schmeckt aber wunderbar mit Knäckebrot oder Roggenbrot.

FÜR DIE LACHS-GARNELEN-TERRINE:

- 1 kleine Schalotte, abgezogen
- 300 g rohes Lachsfilet, ohne Haut
- 200 g rohe Garnelen oder Krabben plus einige Garnelen oder Krabben zum Garnieren
- 150 g Crème double
- 1 Ei
- 1 EL Speisestärke
- abgeriebene Schale und Saft von ¼ unbehandelten Zitrone
- 20 g Dillspitzen, fein gehackt, plus Dillstängel zum Garnieren
- einige gekochte Garnelen oder Krabben zum Garnieren

FÜR DAS ROGEN-DRESSING:

- 50 g roter Seehasenrogen
- 150 g Crème fraîche oder Sauerrahm
- Salz
- frisch gemahlener schwarzer Pfeffer

FÜR 6–8 PORTIONEN ALS TEIL EINES *SMÖRGÅSBORD*

Den Backofen auf 160 °C (Gas Stufe 3) vorheizen. Eine schmale tiefe Terrinenform oder eine Backform (mit 500–600 ml Fassungsvermögen) mit Backpapier auslegen. Eine Fettpfanne auswählen, in die die Terrinenform problemlos hineinpasst, zur Hälfte mit Wasser füllen und in den Backofen stellen.

Die Schalotte im Blender zerkleinern. Den Lachs und die Garnelen/Krabben hinzufügen und einige Male mit der Pulse-Funktion zerkleinern. Es sollten aber noch grobe Stücke sichtbar sein. Die restlichen Zutaten außer dem Dill hinzufügen und ebenfalls kurz mit der Pulse-Funktion zerkleinern. Die Masse sollte nicht zu sämig werden. Zum Schluss den Dill untermischen. Die Mischung in der vorbereiteten Terrinenform verteilen. Die Oberseite mit Backpapier abdecken und dieses leicht andrücken.

Die Form in die Fettpfanne mit dem erhitzten Wasser stellen und im vorgeheizten Backofen 45 Minuten garen, bis die Masse fest geworden ist. Sie darf noch ganz leicht wackelig sein. Die Backzeit kann je nach Tiefe der Form etwas variieren. Nach 20 Minuten kontrollieren, falls die Fettpfanne relativ flach ist.

Die Terrine aus dem Backofen nehmen, abkühlen lassen und dann über Nacht im Kühlschrank kühl stellen.

Für das Rogen-Dressing die Zutaten verrühren, mit Salz und Pfeffer würzen und beiseitestellen.

Vor dem Servieren die Terrine auf eine Servierschale stürzen und mit einigen Garnelen oder Krabben und Dillstängeln garnieren. Das Rogen-Dressing dazu reichen.

FÜR DIE KANAPEES MIT LACHSTERRINE:

- 3 Scheiben Roggenbrot, mit Butter bestrichen
- einige Scheiben Lachs-Garnelen-Terrine (siehe oben)
- 2–3 Avocados (nicht überreif, aber leicht zu schneiden)
- frisch gepresster Zitronensaft
- 3 EL Crème fraîche oder Sauerrahm
- 2 ½ TL roter Seehasenrogen
- einige Stängel Dill

ERGIBT CA. 10 KANAPEES

Variationen

Für die Kanapees das Brot in 3 × 2 cm große Stücke schneiden. Mit einem scharfen Messer die Terrine in ähnlich große Stücke schneiden und das Brot damit belegen. Die Avocados schälen, in sehr feine Streifen schneiden und die Terrine damit belegen. Mit Zitronensaft beträufeln (damit sich die Avocado nicht braun färbt). Mit dem Spritzbeutel einen Klecks Crème fraîche aufspritzen. Mit ¼ TL Rogen, einem frischen Dillstängel und etwas grob gemahlenem schwarzen Pfeffer garnieren.

Statt des Rogen-Dressings einfach 100 g Crème fraîche oder Sauerrahm, 100 ml Natur-Skyr (oder Dickmilch), 3–4 EL feine Schnittlauchröllchen, 1 EL fein gehackten Dill und 1 Spritzer frischen Zitronensaft in einer Schüssel verrühren und mit Salz und frisch gemahlenem schwarzem Pfeffer würzen. Bis zum Servieren kühl stellen.

KANAPEES IN VIER VARIATIONEN

Kanapees sind eine ziemlich knifflige Angelegenheit, und es braucht Aufmerksamkeit und Zeit, um sie wirklich hübsch aussehen zu lassen. Ich finde trotzdem, dass sich die Mühe lohnt, wenn Gäste kommen. Diese Rezepte sind eine Anregung – ich habe die Zubereitung ziemlich offen gelassen, denn oftmals kannst du das verwenden, was eh noch im Vorrat ist – solange die Zutaten zusammenpassen.

Wenn du Größe und Form veränderst, denk bitte daran, dass Kanapees in ein bis zwei Bissen verspeist sein sollten – nie mehr, sonst wird das Ganze eine ziemlich schmierige Angelegenheit. Im Zweifelsfall sind kleine Portionen immer besser. Du benötigst einen Spritzbeutel mit einer Spritztülle.

æg og dild

EI UND DILL

3 hart gekochte Eier, fein gehackt
2 EL Crème fraîche oder Sauerrahm plus etwas zum Garnieren
1 EL Mayonnaise
3 EL feine Schnittlauchröllchen
2 EL fein gehackter Dill
½ EL Dijonsenf
Salz
frisch gemahlener schwarzer Pfeffer
3 Scheiben Roggenbrot, mit Butter bestrichen

ERGIBT CA. 10 KANAPEES

Die Eier und die anderen Zutaten für den Belag gründlich mischen und kühl stellen.

Mit einem 2,5 cm großen runden Keksausstecher mit hohem Rand einen Kreis aus dem Brot ausstechen, das Brot aber nicht herauslösen. Die Öffnung mit 1½ TL Eimischung füllen und diese leicht andrücken. Dann das Kanapee auf der Brotseite aus der Form drücken und auf eine Servierschale setzen. Mit den restlichen Kanapees ebenso verfahren.

Zum Schluss jeweils mit einem Klecks Crème fraîche garnieren und mit einigen Kräutern bestreuen.

skagenröra

TOAST SKAGEN

Sauerteigbrot von guter Qualität
1–2 EL Mayonnaise
25–35 Garnelen, vorgegart und geschält
2–3 TL Crème fraîche oder Sauerrahm
Salz
frisch gemahlener schwarzer Pfeffer
1 Stück abgeriebene Schale von 1 unbehandelten Zitrone
Meerrettichsauce (nach Belieben)
2 ½ TL roter Seehasenrogen
fein gehackter Dill oder Schnittlauch

ERGIBT CA. 10 KANAPEES

Das Sauerteigbrot in Scheiben schneiden, rösten und abkühlen lassen. Mit einem Keksausstecher von 2,5 cm ø etwa 10 Kreise ausstechen.

Die Mayonnaise in einen Spritzbeutel füllen und auf jeden Brotkreis einen Klecks davon spritzen. Dann etwas Crème fraîche, mit Salz, Pfeffer und Zitronenschale gewürzt, (und etwas Meerrettichsauce, falls verwendet) daraufgeben. Mit ¼ TL Rogen, Dill oder Schnittlauch und einer Locke der Zitronenschale garnieren.

røget laks

RÄUCHERLACHS

200 g Räucherlachs, in feine Scheiben geschnitten
100 g Doppelrahm-Frischkäse
Salz
frisch gemahlener schwarzer Pfeffer
feine Schnittlauchröllchen
2–3 Scheiben Roggenbrot, mit Butter bestrichen
Gurkenscheiben ohne Schale
etwas Crème fraîche
abgeriebene Schale und Saft von 1 unbehandelten Zitrone
fein gehackte Kräuter

ERGIBT CA. 10 KANAPEES

Ein Stück Frischhaltefolie auf die Arbeitsfläche legen und vorsichtig den Lachs darauf verteilen. Dabei sollte er sich nur wenig überlappen und eine Fläche von 30 × 5 cm bedecken (oder zwei kleine Flächen auslegen). Auf der unteren Hälfte den Frischkäse der Länge nach auf den Lachs spritzen, mit Salz und Pfeffer würzen und mit den Schnittlauchröllchen bestreuen.

Mithilfe der Frischhaltefolie den Lachs um den Frischkäse wickeln, sodass ein langer Zylinder entsteht. Mit der Frischhaltefolie fest umwickeln und einige Stunden zum Festwerden in den Kühlschrank legen.

Aus dem Roggenbrot 3 × 1,5 cm große Stücke zuschneiden. Mit einem sehr scharfen Messer die Lachsrolle in 3 cm breite Stücke schneiden und dann die Frischhaltefolie entfernen.

Auf jedes Brotstück eine gefaltete Gurkenscheibe legen und mit etwas Crème fraîche fixieren. Ein Stück Lachsrolle auf jede Brotscheibe legen und darauf 2–3 Tupfen dicke Crème fraîche spritzen. Mit wenig Zitronensaft beträufeln und mit einigen fein gehackten Kräutern und eventuell etwas Zitronenabrieb garnieren.

roastbeef

ROSA GEBRATENES ROASTBEEF

3 Scheiben Roggenbrot, mit Butter bestrichen
150 g rosa gebratenes Roastbeef, in sehr feine Scheiben geschnitten
20 kleine Schalottenringe
Öl zum Braten (nach Belieben)
3–4 EL dänische Remoulade
einige Stängel frischen Kerbel zum Garnieren
Salz
frisch gemahlener schwarzer Pfeffer

ERGIBT CA. 10 KANAPEES

Die mit Butter bestrichenen Roggenbrotscheiben in 2,5 cm große Quadrate schneiden. Jedes Quadrat mit einer Scheibe Roastbeef belegen. Dabei darauf achten, dass der Belag den Kanapees etwas Volumen gibt (eventuell mehrmals probieren, wie es am besten liegt – allerdings sollten nicht alle Stücke gleich aussehen).

Die Schalottenringe roh verwenden oder nach Belieben vorher mit etwas Mehl bestauben und dann im heißen Öl knusprig braten. Auf Küchenpapier abtropfen lassen.

Die dänische Remoulade in einen Spritzbeutel füllen und einen haselnussgroßen Tupfen der Remoulade auf jede Roastbeefscheibe spritzen. Die Schalottenringe darauf anrichten und mit den Kerbelstängeln garnieren. Mit Salz und Pfeffer würzen.

Dänische Remoulade ist nicht das Gleiche wie französische Remoulade. Es gibt sie in skandinavischen Lebensmittelläden oder im Internet.

Advent feiern

Wenn man bedenkt, wie sehr wir Skandinavier uns auf Weihnachten freuen, so beginnen wir nicht sehr früh mit dem Feiern. Hier in London kann man schon im Sommer Christbaumkugeln kaufen und im Frühherbst stehen im Schaufenster all die Sachen, die zu einem »perfekten Weihnachten« unbedingt dazugehören.

Allerdings sind in Skandinavien die Vorbereitungen nicht ganz so offensichtlich und, ich glaube, auch weniger kommerziell, denn es gilt das ungeschriebene Gesetz, dass erst am ersten Adventssonntag die Weihnachtszeit beginnt – und niemals früher. Die christliche Tradition, die vier Sonntage vor Weihnachten zu feiern, ist schon sehr alt, doch Skandinavier feiern die Wintersonnenwende sogar noch viel länger.

Ein Grund, warum die Kerzen in der Dunkelheit so eine wichtige Rolle für uns spielen, liegt sicherlich an der Vorfreude auf die bevorstehenden lichterfüllten Tage. Unsere Winter sind in Dunkelheit gehüllt, sodass jeder Lichtpunkt uns nach vorn schauen lässt. An jedem Sonntag im Advent wird eine Kerze auf dem Adventskranz entzündet und die Vorfreude auf das nahende Weihnachtsfest wächst.

An den Dezembersonntagen besucht man Familie und Freunde. Wir wärmen den *glögg* auf und öffnen unser Haus für Gäste, denen wir Ingwergebäck und andere selbst gebackene Leckereien anbieten. Manchmal finden auch mehrere Besuche an einem Tag statt, sodass der Glühwein nur in bescheidenen Mengen serviert wird: Zu viel des guten Trunks und Nase und Ohren wären rot – und man selbst sähe wie der Weihnachtself persönlich aus.

Eine der größten Feiern im Dezember ist das Fest der heiligen Lucia am 13. Dezember, das immer in den frühen Morgenstunden des Tages gefeiert wird. Das

Fest hat starke christliche und heidnische Wurzeln, wie so viele skandinavische Traditionen, einschließlich des Jule-Fests. An diesem Tag wird der heiligen Lucia aus Syrakus gedacht, deren Gedenktag bis zur Kalenderreform mit der Wintersonnenwende zusammenfiel. Lucias Name ähnelt unserem Wort für »Licht«. Die Lucia-Nacht ist auch als *lussenatt* bekannt – der Nacht der Lusse – und in dieser Nacht, der längsten Nacht des Jahres, konnten die Tiere angeblich sprechen. In dieser Nacht durchstreiften böse Geister die Erde und alle Schlachtungen und Vorbereitungen für die Wintersonnenwendfeiern mussten vorher abgeschlossen sein. Lusse ist als Göttin des Lichts bekannt (obgleich aufgrund des Namens oftmals eine Verbindung zu Lucifer hergestellt wird) und Darstellungen von ihr findet man auf den Feiern, die in den frühen Morgenstunden des 13. Dezember überall in Skandinavien stattfinden.

In Städten und Schulen und an vielen Arbeitsstätten gibt es lange Prozessionen von Menschen in weißen Gewändern, die traditionelle Lieder singen. Die Feiern beginnen schon in aller Frühe, um die lange Dunkelheit zu durchbrechen und im Lichtschein zu singen. Die Sänger tragen rote Schärpen um die Taillen, in Gedenken an das Martyrium, und halten beim Singen Kerzen in den Händen. Angeführt wird die Prozession von einem jungen Mädchen, das eine Krone mit echten Kerzen auf dem Kopf trägt. Sie übernimmt die Rolle der Lucia. Wir singen im Schein des Lichts und feiern, dass die Dunkelheit nun hinter uns liegt und wir uns auf die hellen, längeren Tage freuen können.

Am Lucia-Tag isst in Dänemark jeder die kleinen Küchlein namens *æbleskiver* (siehe Seite 20). In Schweden und Norwegen genießt man die traditionellen Safranbrötchen *lussekatter* oder *lussebullar* (siehe Seite 30). Vor allem in Schweden ist diese Tradition stark verankert, und es ist sehr wahrscheinlich, dass du ebenfalls welche essen wirst, wenn du auf Schweden triffst oder gerade in Schweden bist. Es gibt nichts Schöneres, als sich auf diese Weise auf Weihnachten einzustimmen. Ich höre die Lucia-Lieder bei Kerzenlicht, während ich selbst vor der Kälte Schutz suche, mit meiner Familie neben mir.

lussebullar

LUCIA-KRINGEL

An jedem Sonntag im Advent wird in Schweden, Norwegen und Dänemark mit *glögg* und häufig auch frisch gebackenen Lucia-Brötchen oder -Kringeln gefeiert. Diese traditionellen Brötchen werden immer am 13. Dezember serviert, um die Ankunft der heiligen Lucia zu feiern. Die Brötchen werden in S-Form gebacken und mit zwei Rosinen dekoriert – ein anderer Name ist *lussekatter*, denn das Gebäck erinnert ein wenig an Katzenaugen (um diese Brötchen rankt sich starker Aberglauben, bei dem Katzen eine Rolle spielen).

200 ml Vollmilch
½ g Safranpulver oder 1 große Prise Safranfäden
25 g frische Hefe
75 g Kristallzucker
100 g Quark (40 % Fettgehalt) oder griechischer Joghurt (10 % Fettgehalt)
400–500 g backstarkes Weizenmehl Type 550
½ TL Salz
100 g weiche Butter, gewürfelt
1 Ei, verquirlt (die Hälfte zum Einpinseln aufbewahren)
1 Handvoll schöne dicke Rosinen

Die Milch in einem Topf handwarm erwärmen (nicht mehr als 37 °C) und dann das Safranpulver einrühren.

In der Küchenmaschine die frische Hefe und die Safranmilch (auch hier wieder nicht mehr als 37 °C, sonst wird die Hefe abgetötet) 1 Minute verrühren. Dann den Zucker hinzugeben und weiterrühren, bis auch er sich aufgelöst hat. Den Quark oder Joghurt untermischen und die Hälfte des Mehls und das Salz unterrühren. Beim Mixen das restliche Mehl nach und nach hinzufügen und darauf achten, dass es insgesamt nicht zu viel wird. (Safran ist sehr trocken. Wenn also der Teig sehr trocken ist, wird auch das Endresultat trocken sein.) Die Butter und die Hälfte des Eies unter ständigem Rühren hinzufügen und nach Bedarf noch Mehl untermischen. Etwa 5 Minuten rühren.

Den schön elastischen und gut durchgekneteten Teig abgedeckt in der Schüssel an einem warmen Ort 40 Minuten gehen lassen, bis er sein Volumen verdoppelt hat.

Den Teig auf eine leicht mit Mehl bestaubte Arbeitsfläche geben und kräftig kneten. In 16 gleich große Stücke schneiden. Jedes Stück zu einer 20 cm langen Rolle formen und die Enden jeweils gegengleich nach innen einrollen, sodass ein S entsteht. Ein Backblech mit Backpapier auslegen und die Teigkringel in ausreichendem Abstand nebeneinanderlegen. (Oder wie auf dem Foto zu sehen, die Teigkringel zu einem Kranz legen. Dabei einen Abstand von 1 cm lassen, denn die Kringel gehen beim Backen noch auf und füllen die Lücken.) Eine Rosine in die Mitte jedes Kringels setzen. Noch 20 Minuten gehen lassen.

Den Backofen auf 170 °C (Gas Stufe 3 ½) vorheizen. Die Kringel mit dem Ei bestreichen und im vorgeheizten Backofen 8–10 Minuten backen. Die Kringel sollten dann an der Oberseite leicht gebräunt sein. Aus dem Backofen nehmen und mit einem sauberen, leicht feuchten Küchentuch 10 Minuten abdecken, damit sie keine Kruste bekommen.

Safranteig trocknet schnell aus, sodass die Brötchen noch am selben Tag gegessen werden sollten. Sie können auch tiefgefroren werden. Ich mag sie gern getoastet, wenn sie schon einige Tage alt sind.

VIER GLÖGG-VARIATIONEN

Ob nun schwerer Rotwein-*glögg*, der mit Brandy oder Aquavit versetzt ist, oder eine leichte oder alkoholfreie Variante – jede Familie in Skandinavien hat ihre eigene Glühweinrezeptur für die Weihnachtszeit. Wenn du an kalten Dezembertagen bei jemandem eingeladen bist, wird man dir ganz sicher einen Becher mit diesem wärmenden, wohltuenden Getränk anbieten. Wie bei jedem Glühwein kannst du für einen *glögg* alle möglichen Weinreste verwenden. Da du Zucker hinzufügst und den Wein erhitzt, ändert sich die Komplexität des Weins – du solltest also niemals einen besonders guten alten Wein nehmen. Verwende jedoch gute Gewürze und experimentiere ein wenig, um deinen Lieblings-*glögg* zu finden.

den bästa glöggen

ANNIKAS GLÖGG

Meine schwedische Schwägerin Annika macht den besten *glögg* in ganz Skandinavien. Er passt zu allen Gelegenheiten, kann im Voraus zubereitet werden und hält sich in der Flasche einige Wochen.

1 Flasche Rotwein (ein billiger tut's auch)
2 Zimtstangen
1 Stück getrockneter Ingwer (5–6 g)
1 Stück getrocknete Schale der Sevilla-Orange (5–6 g)
8 grüne Kardamomkapseln
15–16 Gewürznelken
80 g Kristallzucker

ERGIBT 3–4 PORTIONEN

Alle Zutaten in einem großen Topf auf 80 °C erhitzen, aber nicht zum Kochen bringen.

Die Herdplatte ausstellen und den Wein einige Stunden ziehen lassen. Anschließend in eine Flasche mit Verschluss oder in ein verschließbares Gefäß seihen.

Vor dem Servieren erhitzen.

hjortronglögg

ALKOHOLFREIER MOLTEBEEREN-GLÖGG

100 ml Apfelsaft
80 g Moltebeeren (TK), aufgetaut
2 Zimtstangen
¼ Vanilleschote
75 g Kristallzucker
5 grüne Kardamomkapseln

ZUM SERVIEREN:
700 ml Apfelsaft

ERGIBT 3–4 PORTIONEN

Alle Zutaten mit 100 ml Wasser in einem Topf aufkochen lassen, dann die Hitze reduzieren und weitere 10 Minuten simmern lassen. Die Herdplatte ausstellen und den *glögg* noch einige Stunden ziehen lassen. Anschließend durch ein Sieb in ein verschließbares Gefäß oder in eine Flasche mit Verschluss seihen. Die Beeren im Sieb zerdrücken, damit sie ihr ganzes Aroma abgeben. Den Extrakt bis zur weiteren Verwendung in einem verschließbaren Gefäß im Kühlschrank aufbewahren.

Vor dem Servieren den Apfelsaft in einem Topf erhitzen und dann den Extrakt nach Geschmack hinzufügen.

lingonglögg

PREISELBEEREN-GLÖGG

Dieser *glögg* ist fruchtiger als der traditionelle Rotwein-*glögg*. Ich mag die säuerliche Note der Beeren. Auch hier wird zuerst wieder der Extrakt hergestellt, der kurz vor dem Servieren zum Wein gegeben wird.

200 ml Preiselbeerensaft (oder ein anderer guter Beerensaft)
100 g Preiselbeeren (TK), aufgetaut (oder andere Beeren)
50 g Kristallzucker
2 Zimtstangen
10 Kardamomkapseln
10 Gewürznelken

ZUM SERVIEREN
1 Flasche Rotwein
Preiselbeeren oder Rosinen zum Garnieren

ERGIBT 3–4 PORTIONEN

Alle Zutaten mit 100 ml Wasser in einem Topf aufkochen lassen, dann die Hitze reduzieren und weitere 10 Minuten simmern lassen. Die Herdplatte ausstellen und den *glögg* noch einige Stunden ziehen lassen. Dann durch ein Sieb in ein verschließbares Gefäß oder in eine Flasche mit Verschluss seihen. Die Beeren im Sieb zerdrücken, damit sie ihr ganzes Aroma abgeben. Den Extrakt bis zur weiteren Verwendung in einem verschließbaren Gefäß im Kühlschrank aufbewahren.

Vor dem Servieren den Rotwein in einem Topf erhitzen, aber nicht kochen lassen. Dann den Extrakt nach Geschmack hinzufügen und den *glögg* mit Preiselbeeren und Rosinen garnieren.

hvidvinsgløgg

WEISSWEIN-GLÖGG

Als Alternative zum traditionellen *glögg* ist Weißwein eine gute Wahl. Die Methode ist etwas anders, denn Weißwein kann beim erneuten Erhitzen schnell säuerlich schmecken. Doch wenn der Extrakt kurz vor dem Servieren hinzugefügt wird, umgeht man dieses Problem. Ich persönlich finde, dass ein *glögg*-Extrakt direkt verwendet werden sollte, oder zumindest einige Tage nach der Zubereitung.

1 Zimtstange
½ Vanilleschote
2–3 Sternanis
6 grüne Kardamomkapseln
8 Gewürznelken
80 g Kristallzucker
100 ml Apfelsaft

ZUM SERVIEREN:
1 Flasche Weißwein (ein billiger tut's auch)

ERGIBT 3–4 PORTIONEN

Alle Zutaten außer dem Wein in einem Topf aufkochen lassen, dann die Hitze reduzieren und weitere 10 Minuten simmern lassen. Die Herdplatte ausstellen, den Deckel auf den Topf legen und die Apfelsaftmischung mindestens 1 Stunde ziehen lassen. Dann durch ein Sieb in ein verschließbares Gefäß oder in eine Flasche mit Verschluss seihen. Die Gewürze wegwerfen. Den Extrakt bis zur weiteren Verwendung im Kühlschrank aufbewahren.

Vor dem Servieren den Weißwein einem Topf erhitzen und den Extrakt nach Geschmack hinzufügen.

Jons juleakvavit

JONS WEIHNACHTSAQUAVIT

Ohne Aquavit würde beim weihnachtlichen *smörgåsbord* etwas fehlen. Wir trinken ihn meist zu eingelegtem Hering, denn der starke Alkohol passt gut zum Fisch. Das Rezept für diesen Weihnachtsaquavit ist vom *glögg* (siehe Seite 32) inspiriert und stammt von Jon Anders Fjelsrud, einem Experten für Aquavit und andere Spirituosen, der in unserem Café regelmäßig Verkostungen anbietet.

500 ml Wodka
1 EL Kristallzucker
2 Zimtstangen
1 Stück getrockneter Ingwer (10 g)
5–7 g getrocknete Schalen von der Sevilla-Orange (oder von einer anderen Bitterorange)
20 Kardamomkapseln
20 Gewürznelken
1 EL Whisky-Eichenholz-Räucherchips (nach Belieben – Jim Beam bietet sie zum Grillen an, über das Internet zu beziehen)

ERGIBT CA. 12 Shots

FÜR DEN AQUAVIT-SEKT:
1 Zuckerwürfel oder die gleiche Menge Zuckerkristalle
Angostura-Bitter
2–4 TL alter Aquavit
Sekt, Champagner oder Prosecco zum Auffüllen

ERGIBT 1 PORTION

Den Wodka in ein Gefäß gießen und alle anderen Zutaten hinzufügen. Diese Mischung muss einige Wochen ziehen. Deshalb bereits im Oktober ansetzen, um den Aquavit Weihnachten genießen zu können.

Zwischendurch immer wieder probieren, um zu kontrollieren, ob die Aromen sich entfalten. Eventuell noch etwas Wodka darin auflösen oder die Mischung länger stehen lassen, wenn der Aquavit noch nicht stark genug ist. Der Aquavit richtet sich da ganz nach dir.

Abseihen und gut gekühlt in Schnapsgläsern servieren. Skandinavier singen beim Trinken des Aquavits viele Lieder – vielleicht schaffst du ja wenigstens eins!

Aquavit-Sekt

Mit Aquavit und Co. kannst du deinen Sekt oder Champagner schnell und einfach auf skandinavische Weise aufpeppen. Verwende einen alten, goldfarbenen Aquavit (siehe Seite 12).

In jedes Glas einen Zuckerwürfel geben und mit 2 Tropfen Angostura-Bitter beträufeln. Einen Schuss alten Aquavit hinzufügen und auflösen lassen. Dann den Sekt langsam hinzugießen und alles vorsichtig mischen. (Achtung, es kann ganz schön sprudeln.) Das Glas langsam auffüllen.

Du kannst den Zucker durch Moltebeeren (oder auch Moltebeerenkonfitüre) ersetzen und wie beschrieben weiter vorgehen.

GEBÄCK UND ESSBARE GESCHENKE

In Skandinavien beginnt das Backen für Weihnachten schon früh. Alte Familienrezepte werden hervorgekramt und tagelang werden Gaumenfreuden für *glögg*-Partys und Geschenke für Freunde vorbereitet. Bei uns zu Hause basteln wir mit den Kindern Weihnachtsdekorationen und stimmen uns auf das kommende Fest ein (Mama darf in ihrer Küche tanzen!).

serinakaker

NORWEGISCHE BUTTERKEKSE

Diese traditionellen Butterkekse werden in Norwegen zu Weihnachten serviert. Sie sind schnell gebacken und schmecken köstlich. Statt Hagelzucker kannst du sehr gut Mandelblättchen oder gehackte Mandeln verwenden.

300 g Weizenmehl Type 405
1 EL Backpulver
1 Prise Salz
220 g Butter, gekühlt und gewürfelt
125 g Puderzucker
2 TL Vanillezucker
1 Ei
1 Eiweiß zum Bestreichen
Hagelzucker zum Dekorieren

ERGIBT CA. 40 STÜCK

Das Mehl mit dem Backpulver und 1 Prise Salz mischen und zusammen mit der Butter in einer Schüssel mit den Fingern zu einem krümeligen Teig verkneten. Den Puderzucker und den Vanillezucker hinzufügen und weiterkneten. Das Ei hinzufügen und alles zu einem glatten Teig verarbeiten (aber nicht zu lange kneten).

Den Teig in einen Plastikbeutel geben und 1 Stunde im Kühlschrank ruhen lassen.

Den Backofen auf 180 °C (Gas Stufe 4) vorheizen. Das Backblech mit Backpapier auslegen.

Den Teig in 40 gleich große Stücke (à 15 g) schneiden und zu kleinen Bällchen rollen. Die Bällchen gleichmäßig auf dem Backblech verteilen, dabei ausreichend Abstand dazwischen lassen, da sie beim Backen auseinandergehen. Die Bällchen mit einer Gabel in der Mitte flach drücken, bis sie einen Durchmesser von 3 cm haben (sie laufen beim Backen noch auseinander). Wenn die Oberseite glatt bleiben soll, dann mit dem Boden eines Glases oder Ähnlichem flach drücken.

Die Kekse mit Eiweiß bestreichen und mit Hagelzucker bestreuen.

Im vorgeheizten Backofen etwa 19 Minuten backen oder bis die Kekse gerade gar sind (sie sollten nicht zu braun werden – nur am Rand müssen sie ganz fein gebräunt sein). Die Backzeit variiert von Backofen zu Backofen, deshalb die Kekse immer im Auge behalten.

Aus dem Backofen nehmen und gut abkühlen lassen. Luftdicht verschlossen in einer Dose aufbewahren.

sukkerkringler

DÄNISCHE BUTTERKRINGEL

Ich habe noch nie gezählt, wie viele verschiedene Arten von Butterkeksen es in Skandinavien wohl gibt, aber es sind sicherlich Hunderte von Variationen und regionalen Spezialitäten. Diese speziellen Kekse sind wahrscheinlich überall auf der Welt besser bekannt als andere, denn sie werden häufig in Blechdosen mit Motiven aus Kopenhagen und der Aufschrift »Dänisches Buttergebäck« verkauft. Ich mag diese Kringel, denn durch die Crème double wird der Teig fein blättrig. Denk daran, dass in Schweden *sockerkringlor* häufig eine eher brotartige Gebäcksorte bezeichnen – es gibt zahlreiche Varianten, die regional unterschiedlich sind.

270 g Butter
375 g Weizenmehl Type 405
150 g Puderzucker
1 Eigelb
3–4 EL Crème double
1 Eiweiß zum Bestreichen
feiner Hagelzucker, Zuckerperlen oder Demerara-Zucker zum Bestreuen

ERGIBT CA. 30 STÜCK

Die Butter und das Mehl krümelig vermischen. Den Zucker, dann das Eigelb und zum Schluss die Crème double hinzufügen. Falls der Teig noch zu klebrig ist, etwas mehr Mehl unterarbeiten. Den Teig nicht zu lange bearbeiten. In einem Plastikbeutel an einem kühlen Ort mindestens 1 Stunde kühl stellen.

Den Backofen auf 200 °C (Gas Stufe 6) vorheizen und zwei Backbleche mit Backpapier auslegen.

Den Teig auf eine leicht mit Mehl bestaubte Arbeitsfläche legen und daraus 20–25 g schwere dünne Röllchen von 20 cm Länge formen. Diese zu Brezeln formen und auf das vorbereitete Backblech legen (da die Kringel beim Backen noch auseinanderlaufen, sollte ausreichend Abstand dazwischen bleiben). Aus dem Teig etwa 40 Bretzeln formen.

Mit dem Eiweiß einpinseln und mit dem Zucker bestreuen. Im vorgeheizten Backofen 8–10 Minuten backen, bis die Kringel fertig gebacken (aber nicht zu sehr gebräunt) sind. Auf einem Kuchengitter abkühlen lassen und dann in einer Keksdose, einem Keksglas oder einem anderen luftdicht verschließbaren Gefäß aufbewahren.

Variationen

Ich verwende Hagel- oder Streuzucker zum Dekorieren, aber nach Belieben kannst du auch gehackte Nüsse oder Demerara-Zucker verwenden. Kristallzucker hat eine gröbere Körnung als Demerara-Zucker. Eigentlich ist jeder Zucker geeignet. Den Hagelzucker, den ich meist verwende, zerstoße ich vorher ein wenig. Du kannst den Zucker auch aromatisieren – etwas Vanille, Kardamom oder Ingwer sorgen für eine würzige Note.

snebolde

SCHNEEBÄLLCHEN

Überall in Skandinavien werden in der Weihnachtszeit kleine Marzipan-Leckereien zubereitet. Ich mache das für mein Leben gern, denn sie sehen auf einem Teller mit Gebäck und anderen süßen Sachen hübsch und festlich aus. Meine Kinder bereiten sie unheimlich gern zu und besprühen sie zusätzlich mit Silberglitzer.

200 g Marzipan (63 % Mandelanteil ist am besten, doch der Anteil sollte mind. 50 % sein)
120 g weiße Schokolade von guter Qualität
100 g Kokosraspel
lebensmittelechter Silberglitzer (nach Belieben)

Cocktailstäbchen/Zahnstocher

ERGIBT 20 STÜCK

Das Marzipan in 20 Stücke schneiden. Jedes Stück zu einer Kugel rollen und beiseitelegen, damit die Kugeln gekühlt sind, wenn sie mit Schokolade überzogen werden – sie trocknen dann schneller.

Die weiße Schokolade temperieren (für die Anleitung siehe Seite 61 – es ist manchmal etwas knifflig, weiße Schokolade zu temperieren. Am einfachsten ist es, sie zur Hälfte in einer Schüssel über dem Wasserbad schmelzen zu lassen, dann die Schüssel vom Herd nehmen und die restliche Hälfte darin schmelzen zu lassen, sodass die Masse schnell abkühlt).

Ein Cocktailstäbchen vorsichtig in eine Marzipankugel stecken und diese in die geschmolzene Schokolade tauchen, damit sie dünn davon überzogen wird. Die Kugel anschließend in den Kokosraspeln rollen und auf Papier mit Antihaftbeschichtung fest werden lassen.

Eventuell noch mit lebensmittelechtem Silberglitzer bestreuen.

Variationen

Zum Aromatisieren des Marzipans etwas abgeriebene Orangenschale hinzufügen, wenn das Marzipan zu Kugeln gerollt wird. Für eine »erwachsene« Variante 2 EL Amaretto untermischen. Richtig dekadent sind die Bällchen, wenn sie in fein gehacktem Wiener Nugat gewendet werden.

vaniljekranse med appelsin

VANILLE-ORANGEN-RINGE

Ein dänisches Weihnachtsfest wäre ohne diese überall auf der Welt bekannten Butterringe nicht vorstellbar. Diesen wurde als kleine Variation noch abgeriebene Orangenschale hinzugefügt, doch wenn du es traditioneller magst, kannst du diese ganz einfach weglassen. Die Kekse laufen im Backofen noch auseinander, und es ist schwierig, dass sie ihr schönes Muster behalten. Deshalb stelle ich sie vor dem Backen immer für kurze Zeit kühl.

170 g Kristallzucker
220 g zimmerwarme Butter
275 g backstarkes Weizenmehl Type 550
100 g gemahlene Mandeln
1 TL Backpulver
1 Ei
1 Prise Salz
Mark von 1 Vanilleschote
1 TL frisch abgeriebene Schale von 1 unbehandelten Orange

1 fester Spritzbeutel mit mittelgroßer Sterntülle oder eine Gebäckspritze

ERGIBT 30 STÜCK

Den Zucker und die Butter mischen (nur kurz, bis sich beides gerade eben verbunden hat) und die restlichen Zutaten untermischen. Dann alles (mit der Hand oder mit dem Handrührgerät) zügig zu einem glatten Teig verrühren. Der Teig muss weich genug sein, um ihn durch die Spritzbeuteltülle zu drücken. Es ist ein fester Teig – in Dänemark wird meist ein Metallteil verwendet, um den Teig durch die Tülle zu drücken. Ideal ist ein fester Spritzbeutel aus Stoff. Wenn du nur schwer damit arbeiten kannst, aber die Tülle ausreichend groß ist, kannst du den Teig einfach mit dem Daumen durchdrücken.

Mehrere Backbleche mit Backpapier auslegen. Aus dem Teig 8–10 cm lange Streifen spritzen. Diese vorsichtig zu Ringen zusammenlegen und auf die Backbleche setzen. Die Ringe sollten nicht dicker als der kleine Finger sein, denn beim Backen laufen sie noch auseinander. Die Backbleche in den Kühlschrank stellen, wenn dort ausreichend Platz ist, damit sie vor dem Backen noch schön fest werden.

Den Backofen auf 200 °C (Gas Stufe 6) vorheizen.

Ein kühl gestelltes Backblech in den vorgeheizten Backofen schieben und die Ringe 8–10 Minuten backen oder bis die Ränder eine zarte goldgelbe Farbe haben. Aus dem Backofen nehmen und abkühlen lassen. Mit den anderen Backblechen ebenso verfahren.

Die Vanille-Orangen-Ringe in einer Dose, luftdicht verschossen, aufbewahren.

pebernødder

PFEFFERNÜSSE

Obwohl in diesem Rezept für die urdänische Variante würziger Lebkuchen überhaupt keine Nüsse enthalten sind, haben die Kekse die Form und die Größe einer großen Haselnuss, die ihnen auch den Namen gegeben hat. Diese Kekse dürfen in der Vorweihnachtszeit in keinem dänischen Haushalt fehlen und für meine Variante habe ich reichlich schwarzen Pfeffer verwendet. Wenn du weniger nehmen möchtest oder wenn auch Kinder davon essen, solltest du weißen Pfeffer verwenden (und zwar nicht zu viel). Ich erinnere mich, dass ich die Pfeffernüsse früher immer mit meiner Großmutter gebacken habe. Anschließend veranstalteten wir immer eine Pfeffernüsse-Jagd, bei der ich viel zu viel aß. Wir hingen sie außerdem in kleinen Papiertütchen an den Weihnachtsbaum. Sie erinnern mich immer an die schneebedeckten Gärten, warmen Küchen und an das wunderbare Lächeln meiner Großmutter.

220 g Butter
200 g Kristallzucker
400–425 g Weizenmehl Type 405
1 TL Backpulver
1 TL Natron
1 Prise Salz
75 g Crème double
½ TL frisch abgeriebene Schale von 1 unbehandelten Zitrone (nach Belieben)

FÜR DIE GEWÜRZMISCHUNG:
½ TL gemahlene Gewürznelken
1 TL gemahlener getrockneter Ingwer
1 TL gemahlener Kardamom
2 ½ TL gemahlener Zimt
1 TL Lebkuchengewürz
½ TL frisch gemahlener weißer Pfeffer
½ TL frisch gemahlener schwarzer Pfeffer (nach Belieben)

ERGIBT CA. 100 KLEINE KEKSE

Die Butter und den Zucker mit dem Schneebesen der Küchenmaschine oder mit dem Handrührgerät zu einer schaumigen Masse verquirlen. Dann das Mehl, das Backpulver, das Natron, die Gewürzmischung und das Salz hinzufügen. Alles zu einem glatten Teig verarbeiten. Zum Schluss die Crème double und die Zitronenschale nach Belieben unterrühren.

Den Teig bis zur weiteren Verwendung mindestens 30 Minuten kühl stellen.

Den Backofen auf 200 °C (Gas Stufe 6) vorheizen. Mehrere Backbleche mit Backpapier auslegen.

Aus dem Teig walnussgroße Bällchen formen oder 1,5 cm runde Kreise ausstechen und auf die vorbereiteten Backbleche legen. Der Teig reicht für ungefähr 100 Stück. Deshalb ist es vielleicht schneller, die Kekse auszustechen statt zu rollen, wenn du's eilig hast!

Im vorgeheizten Backofen 8–10 Minuten backen. Dabei die Backzeit im Auge behalten, denn jeder Backofen ist anders, und diese kleinen Kekse müssen nur goldbraun und nicht dunkel werden.

Kurz abkühlen lassen, damit die »Pfeffernüsse« schön knusprig werden. Luftdicht verschlossen in einer Dose aufbewahren.

havregrynskugler / chokladbollar

SCHOKO-HAFER-BÄLLCHEN

Alle skandinavischen Kinder kennen diese einfachen Schokokugeln, die ganz ohne Backen auskommen. Sie sind superschnell zubereitet und bestehen im Prinzip nur aus Butter, Kakao und Zucker! In Schweden und Norwegen gibt es sie das ganze Jahr über, aber in Dänemark sind sie meist der Weihnachtszeit vorbehalten. Du kannst sie gut im Voraus zubereiten und im Kühlschrank aufbewahren, denn sie halten sich mindestens eine Woche. Ich bereite meist mehrere Portionen zu und gebe unterschiedliche Aromen hinzu – und zwar sowohl bei den Kugeln als auch beim Überzug. Kinder mögen bunte Streusel und feine Aromen, aber für Erwachsene dürfen es auch Alkohol oder Kaffee sein. Bereite gleich größere Mengen zu, teile die Masse in verschiedene Portionen (ich bereite meist vier Portionen à 200 g zu). Ich zeige dir auch meine Lieblingsvariationen, aber mit diesem Rezept lässt sich wunderbar experimentieren.

270 g weiche Butter
400 g Haferflocken
150 g Puderzucker
3–4 gehäufte EL Kakaopulver
4 EL starker Kaffee, frisch aufgebrüht
1 TL Vanillezucker

ERGIBT 30–40 STÜCK

Alle Zutaten in einer Rührschüssel zu einem gleichmäßigen, glatten Teig verarbeiten. Ich bereite den Teig in der Küchenmaschine mit einem Flachrührer zu, aber er lässt sich auch mit der Hand gut verrühren.

Aus dem Teig gleich große (walnussgroße) Kugeln formen und diese im gewünschten Überzug rollen (siehe unten). Im Kühlschrank kühl stellen. Traditionell werden die Kugeln einfach in feinen Zuckerstreuseln, Kokosraspeln oder in bunten Streuseln gerollt.

Aromen und Überzüge

Orange: Nur etwas für Erwachsene. Dazu 2 EL Cointreau und ¼ TL Orangenabrieb unter 200 g Grundmischung rühren. In Schokostreuseln wälzen.

Mandel: Auch wieder nur für Erwachsene. Dazu 2 EL Amaretto unter 200 g Grundmischung rühren. Anschließend in gerösteten gehackten Mandeln wälzen.

Himbeere: Auch für Kinder geeignet. Dazu 1 EL Himbeerkonfitüre unter 200 g Grundmischung rühren. In gefriergetrockneten Himbeerstückchen oder Schokostreuseln wälzen.

klejner

KRAPFENGEBÄCK

Skandinavien umfasst eine riesige Fläche. Als ich versuchte, unterschiedliche Rezepte aus unterschiedlichen Regionen und Ländern unter einen Hut zu bringen, musste ich mich manchmal für das ein oder andere Rezept entscheiden. Eine meiner liebsten Köstlichkeiten zur Weihnachtszeit waren schon immer die frisch gebackenen *klejner*, ein wirklich uraltes Rezept, das noch aus dem Mittelalter stammt. Wie mit vielen Rezepten auch, so hat sich dieses über die verschiedenen Länder verbreitet. In Island ist es etwas anders als in Dänemark und die norwegische Variante fällt wieder anders aus. In Schweden ist es vor allem im Süden sehr beliebt, doch wird es im Norden hingegen kaum gegessen. Speisen reisen eben. Ich bereite hier die norwegische Variante vor, aber das Rezept für dänisches Krapfengebäck findest du auf meinem Blog.

200 g lauwarme Vollmilch
25 g frische Hefe
75 g extrafeiner Zucker
50 g weiche Butter
1 Ei
340 g backstarkes Weizenmehl Type 550
½ TL Salz
1 TL gemahlener Kardamom
frisch abgeriebene Schale von 1 unbehandelten Zitrone
½ l Kokosöl (oder ein anderes geeignetes Öl mit hohem Rauchpunkt) zum Frittieren
Puderzucker zum Bestauben

ERGIBT 20 STÜCK

In der Küchemaschine die lauwarme Milch mit der Hefe verrühren, bis diese sich aufgelöst hat. Dann unter Rühren den Zucker untermischen. Die Butter und das Ei hinzufügen. Dann nach und nach das Mehl, das Salz, den Kardamom und anschließend den Zitronenabrieb unterrühren. Den Teig 3–4 Minuten verkneten – dann sollte er nicht flüssig und nicht zu klebrig sein, sondern etwas elastisch. In einer abgedeckten Schüssel an einem warmen Ort 1 Stunde gehen lassen.

Kurz vor dem Backen das Kokosöl in einem hohen Topf auf 175 °C erhitzen.

Den Teig auf einer mit Mehl bestaubten Arbeitsfläche etwa 5 mm dick ausrollen. Mit einem Teigrädchen 5 cm breite Streifen zuschneiden, dann schräg etwas länger (6 cm) abschneiden, sodass eine Rautenform entsteht. In die Mitte jeder Raute einen Schlitz einschneiden. Für eine Knotenvariante das zugeschnittene Teigstück nehmen und eine spitze Ecke durch das Loch in der Mitte legen.

Dann die *klejner* vorsichtig im heißen Öl frittieren, dabei nach 1½–2 Minuten einmal wenden und weitere 1½–2 Minuten frittieren. Eventuell portionsweise frittieren. Auf Küchenpapier abtropfen lassen und leicht mit Puderzucker bestauben. Das Krapfengebäck schmeckt frisch am allerbesten.

pepparkakor

SCHWEDISCHE INGWERKEKSE

Dies ist wahrscheinlich die bekannteste Süßigkeit aus Schweden (abgesehen von Plopp-Schokoriegeln). Dieses Gebäck besteht aus einem einfachen Teig, der sich leicht ausrollen lässt, sodass auch Kinder schöne Weihnachtsformen ausstechen können. Immer im Dezember sitzen skandinavische Familien mit einer Portion Teig am Tisch, hören Weihnachtsmusik und backen jede Menge Kekse und andere Backwaren für die Adventssonntage.

550 g Weizenmehl Type 405
1 TL Natron
1 ½ TL gemahlener getrockneter Ingwer
1 TL gemahlene Gewürznelken
1 TL gemahlener Zimt
1 TL gemahlener Kardamom
½ TL gemahlener Piment
1 Prise Salz
100 g Kristallzucker
100 g dunkelbrauner Zucker
150 g Butter (Zimmertemperatur)
200 g Rüben- oder Maissirup
150 g Crème double
Puderzucker zum Bestauben

ERGIBT 50–70 STÜCK

In der Küchenmaschine mit dem Flachrührer das Mehl, das Natron, die Gewürze, das Salz und den Zucker verrühren. Die restlichen Zutaten hinzugeben und alles zu einem glatten Teig verarbeiten. Zu einer Rolle formen und in Frischhaltefolie wickeln. Am besten über Nacht in den Kühlschrank legen. Widerstehe der Versuchung und nasche nicht jedes Mal vom Teig, wenn du den Kühlschrank öffnest (der Teig ist köstlich, aber roh solltest du ihn möglichst nicht essen).

Den Backofen auf 200 °C (Gas Stufe 6) vorheizen und mehrere Backbleche mit Backpapier auslegen.

Den Teig auf einer leicht mit Mehl bestaubten Arbeitsfläche 2 mm dick ausrollen und die gewünschten Formen ausstechen. Die Kekse sollten möglichst dünn sein. Auf die vorbereiteten Backbleche setzen.

Im vorgeheizten Backofen je nach Dicke 5–6 Minuten backen. Die Kekse sollten etwas dunkler gebräunt sein, aber nicht verbrannt aussehen.

Die Kekse aus dem Backofen nehmen und auf einem Kuchengitter abkühlen lassen. Mit Puderzucker bestauben. Alternativ können die Kinder mit bunter Zuckerglasur hübsche Muster aufspritzen. Die Kekse in einer Dose, luftdicht verschlossen, aufbewahren.

Für die Zuckerglasur, falls verwendet, Puderzucker mit Eiweiß und einigen Tropfen frisch gepresstem Zitronensaft verrühren. Diese Glasur ist ideal zum Verzieren, denn sie wird beim Trocknen recht fest.

brunkager

OMAS DÄNISCHE KEKSE

Die Schweden sind zwar berühmt für ihre Ingwerkekse, die *peperkaka*, doch in Dänemark backt jeder Haushalt *brunkager* (»braune Kekse«). Diese haben zwar viel Ähnlichkeit mit ihren schwedischen Cousins, sind aber etwas würziger und enthalten Nüsse (und manchmal auch kandierte Früchte – die du aber genauso gut weglassen kannst, wenn du sie nicht magst).

Meine *mormor* (Großmutter) Erna backte früher zu Weihnachten ganz traditionell immer eine große Menge dieser Kekse. Der Teig wird zu Rollen geformt, gekühlt und dann einfach in Scheiben geschnitten und auf Backbleche gelegt. Die Arbeit ist schnell erledigt, wenn du viele Kekse für die ganze Weihnachtszeit brauchst. Der Teig ist ziemlich fest und ungeeignet zum Ausrollen oder Ausstechen.

150 g Rüben- oder Maissirup
270 g Butter
150 g Kristallzucker
75 g dunkler Muscovado-Zucker
500 g Weizenmehl Type 405
2 TL gemahlener Zimt
1 ½ TL gemahlener getrockneter Ingwer
1 TL gemahlene Gewürznelken
1 TL gemahlener Kardamom
1 ½ TL Natron
1 Prise Salz
100 g gehackte Mandelkerne
75 g Orangeat oder Zitronat, gehackt (nach Belieben)

ERGIBT MEHR ALS 100 STÜCK

In einem Topf den Sirup, die Butter und die beiden Zuckersorten zerlassen, aber nicht zu stark erhitzen. Anschließend etwa 10 Minuten abkühlen lassen.

Nun 400 g Mehl mit den Gewürzen, dem Natron und dem Salz mischen. Die gehackten Nüsse (und Früchte, falls verwendet) hinzufügen und dann die geschmolzene Butter-Zucker-Mischung unterrühren. Bei Bedarf noch etwas Mehl hinzufügen – der Teig sollte glatt und geschmeidig sein.

Den Teig zu 4 cm dicken Rollen formen und in Frischhaltefolie einwickeln. Am besten über Nacht (oder länger, damit die Aromen durchziehen) im Kühlschrank kühlen. Nach dem Kühlen kann der Teig auch tiefgefroren werden. Er wird dann später tiefgefroren mit einem superscharfen Messer in Scheiben geschnitten.

Den Backofen auf 175 °C (Gas Stufe 4) vorheizen. Mehrere Backbleche mit Backpapier auslegen.

Von den Teigrollen etwa 1 ½–2 mm breite Scheiben abschneiden und diese in ausreichendem Abstand auf die vorbereiteten Backbleche legen. Im vorgeheizten Backofen 5–8 Minuten backen oder bis die Kekse vollständig gebräunt (aber nicht schwarz am Rand) sind. Abkühlen lassen, damit sie knusprig werden. Dann in einer Dose, luftdicht verschlossen, aufbewahren.

daimtryffel

SCHNELLE DAIM®-TRÜFFEL

Wer mag keine Daim®-Riegel? Überall auf der Welt geliebt, sind diese Mandel-Knusperriegel der Inbegriff schwedischer Süßwaren. Ich verwende sie gern in meinen Weihnachtsleckereien.

200 g Crème double

180 g dunkle Schokolade (60 % Kakaogehalt), klein gehackt

50 g Butter

1–2 EL Cognac, oder ein anderer Weinbrand (nach Belieben, nur für Trüffel für Erwachsene)

2 Riegel Daim® (à 28 g), fein gehackt

Kakaopulver von guter Qualität, zum Bestauben und Wälzen

In einem Topf die Crème double fast zum Kochen bringen, dann die Herdplatte ausstellen und die Schokolade hinzufügen. Sobald diese geschmolzen ist, Butter und Cognac, falls verwendet, einrühren. Alles schmelzen lassen und gut verrühren.

Die Mischung in eine Schüssel gießen und auf Zimmertemperatur abkühlen lassen. Dann die fein gehackten Riegelstücke gleichmäßig unterziehen. Weiter abkühlen lassen und dann zu ca. 20 g schweren Bällchen rollen. Das ist eine etwas schmutzige Angelegenheit, aber ich finde, sie lassen sich gut mit der Hand formen. Andere arbeiten hier vorzugsweise mit einem kleinen Kugelformer. Die gleich großen Bällchen anschließend im Kakaopulver wälzen. Einige Stunden fest werden lassen.

Werden die Trüffel gekühlt aufbewahrt, dann müssen sie vor dem Servieren auf Zimmertemperatur gebracht werden. Meine halten sich meist nicht so lange!

pepparkaka cookies

WEICHE INGWERKEKSE

Weiche Kekse haben etwas Tröstliches an sich. Diese stammen ursprünglich zwar nicht aus den nordischen Ländern, aber wir backen sie zur Weihnachtszeit in unserem Café, da sie uns an echt skandinavische Ingwerkekse erinnern. Sie schmecken köstlich und sind perfekt zum *glögg* oder zur heißen Schokolade. Sie schmecken ein wenig wie Ingwerkeksteig, und genau darum lieben wir sie insgeheim auch so.

150 g Butter
300 g Weizenmehl Type 405
1 TL Natron
½ TL Meersalzflocken
150 g brauner Zucker
100 g extrafeiner Zucker
1 Ei plus 1 Eigelb
3 EL Vollmilch

FÜR DIE NORDISCHE INGWERKEKS-GEWÜRZMISCHUNG:
2 TL gemahlener Zimt
1 TL gemahlener getrockneter Ingwer
½ TL gemahlene Gewürznelken
½ TL gemahlener Kardamom
1 ½ TL Vanillezucker
50 g Macadamianusskerne, grob gehackt

ERGIBT 15 STÜCK (JE NACH SCHON GENASCHTER TEIGMENGE)

Die Butter zerlassen und zum Abkühlen beiseitestellen.

Das Mehl, das Natron, die Gewürzmischung und das Salz in einer Schüssel mischen und ebenfalls beiseitestellen.

Den braunen und den extrafeinen Zucker mit der abgekühlten zerlassenen Butter glatt verrühren. Das Ei, das Eigelb und die Milch verquirlen und anschließend unter den Zucker und die Butter rühren, bis alle Zutaten sich gut verbunden haben. Nach und nach die Mehlmischung hinzufügen und alles zu einem glatten Teig verarbeiten. Den Teig einige Stunden kühl stellen.

Den Backofen auf 175 °C (Gas Stufe 4) vorheizen. Mehrere Backbleche mit Backpapier auslegen.

Aus dem Teig etwa golfballgroße Kugeln formen und diese im Abstand von 5 cm auf die vorbereiteten Backbleche setzen (sie laufen beim Backen noch auseinander).

Im vorgeheizten Backofen 8 ½–10 Minuten backen oder bis sie gerade goldgelb sind. Aus dem Backofen nehmen und sofort auf ein Kuchengitter legen. In der Mitte sollten die Kekse noch ein wenig weich sein, wenn sie aus dem Backofen kommen, doch sie werden nach einiger Zeit fest. Die Kekse schmecken am besten, wenn sie 1 Stunde abgekühlt sind – etwas warm, aber noch leicht klebrig.

joulutorttu

FINNISCHE WEIHNACHTSSTERNE

Riina bei uns im Café mag zu Weihnachten diese einfache Köstlichkeit aus ihrer Heimat. Das traditionelle Rezept für den Teig ist etwas aufwendig und enthält Ricotta, Sahne und Butter, doch da alle zu Weihnachten immer viel um die Ohren haben, werden diese Sterne häufig einfach aus Blätterteig gebacken. Es dauert nur 5–10 Minuten, um alles zuzubereiten und die Formen auszuschneiden. Traditionell wird eine Pflaumenfüllung verwendet, aber wir haben die Teigtaschen schon mit vielerlei Kompott (einschließlich Preiselbeere und Blaubeere) gebacken. Wenn du Konfitüre mit einem hohen Zuckeranteil verwenden möchtest, dann rühre noch etwas Speisestärke unter, damit der Zucker nicht schmilzt und sich im gesamten Backofen verteilt.

1 Platte Blätterteig aus dem Kühlregal (aus einer Platte von 30 × 18 cm lassen sich 15 Quadrate von 6 × 6 cm zuschneiden)

1 Ei, verquirlt, zum Bestreichen

Puderzucker zum Bestauben

FÜR DIE PFLAUMENFÜLLUNG:

150 g Pflaumen, entsteint

50 g Kristallzucker (oder mehr, nach Geschmack)

1–2 EL frisch gepresster Zitronensaft

ERGIBT 15 STÜCK

Für die Füllung die Pflaumen, den Zucker und den Zitronensaft in einem kleinen Topf mit Wasser auffüllen, sodass sie gerade davon bedeckt sind, und leicht köcheln lassen. Nach 20 Minuten sollten die Pflaumen schön weich sein. Eventuell noch pürieren, dann abkühlen lassen und wie in der Zubereitung beschrieben als Füllung verwenden.

Den Backofen auf 175 °C (Gas Stufe 4) vorheizen. Zwei Backbleche mit Backpapier auslegen.

Die Blätterteigplatte in 15 gleich große Quadrate von 6 × 6 cm schneiden (die Größe ist nicht wichtig – wenn die Teigplatte eine andere Größe hat, dann gleich große Quadrate in ähnlicher Größe zuschneiden). Jedes Quadrat schräg von den Ecken zur Mitte einschneiden, dabei sollten die Schnitte 1 cm vor der Mitte aufhören.

Jedes Quadrat mit dem verquirlten Ei einpinseln und auf die Backbleche legen. Nun 1 TL Pflaumenfüllung (oder nach Belieben Konfitüre) in die Mitte setzen. Eine Ecke zur Mitte klappen und mit den übrigen Ecken ebenso verfahren, sodass ein kleiner Stern entsteht. Insgesamt benötigst du wahrscheinlich 150 g Füllung oder Konfitüre.

Die Sterne im vorgeheizten Backofen 12–15 Minuten backen, bis der Blätterteig schön aufgegangen und goldgelb ist. Ein wenig abkühlen lassen und dann mit Puderzucker bestauben. Sofort servieren.

konfekt

MARZIPANECKEN

Zu Weihnachten wird in Skandinavien sehr viel Marzipan und Nugat gegessen. In Dänemark bezeichnet das Wort *konfekt* alle möglichen mundgerechten Süßigkeiten, von Marzipan über Trüffel bis hin zu Karamellbonbons.

250 g Marzipan (mindestens 60 % Mandelanteil)
Puderzucker zum Ausrollen
100 g Wiener Nugat
100–150 g dunkle Zartbitterschokolade 60 % Kakaogehalt, temperiert (siehe Seite 61)
lebensmittelechtes Goldpapier oder gefriergetrocknete Himbeeren zum Garnieren

ERGIBT 20–25 STÜCK

Das Marzipan etwa 5 mm dick ausrollen – die Arbeitsfläche eventuell mit Puderzucker bestauben, damit das Marzipan nicht klebt. Den Nugat ebenfalls 5 mm dick ausrollen und auf eine Hälfte der Marzipanplatte legen (den Nugat eventuell im Kühlschrank kühlen, damit er nicht zu klebrig wird). Die zweite Marzipanhälfte auf den Nugat legen. Mit dem Teigroller leicht darüberrollen, damit sich die Schichten etwas verbinden – wieder mit Puderzucker bestauben, wenn es zu klebrig wird. Die Ränder sauber abschneiden.

In Rauten (oder in eine beliebige andere Form) schneiden und mit der temperierten Schokolade leicht bestreichen. Anschließend fest werden lassen. Mit etwas lebensmittelechtem Goldpapier oder gefriergetrockneten Himbeeren garnieren.

Tipp für Erwachsene: In Cognac eingelegte Rosinen oder andere Aromen unter das Marzipan kneten.

p-tærter

ERDNUSS-NUGAT

Als Kind liebte ich diese Leckerei – französischer Nugat mit gesalzenen Erdnüssen und Schokolade. Jahre später fragte ich mich, warum wir ihn in Dänemark *p-tærter* nennen. Sie heißen so, weil sie wie kleine Tartelettes aussehen und das »p« einfach vom englischen Wort *peanuts* für Erdnüsse abgeleitet ist. Ich habe auch mein Rezept für den französischen Nugat mit aufgenommen, aber du kannst genauso gut fertigen Nugat kaufen. Der Nugat kann durch Marshmallows ersetzt werden.

100 g Schokolade von guter Qualität – ⅔ dunkle Zartbitter- und ⅓ Milchschokolade (oder nur dunkle Schokolade, je nach Belieben)
200–250 g gesalzene Erdnüsse

Alle Zutaten bereitstellen, denn die Zubereitung muss schnell gehen. Die Pfanne, in der der Nugat fest wird, mit Backpapier auslegen und mit etwas Antihaftspray einsprühen (Reispapier ist ideal und noch traditioneller).

Den Zucker und die Glukose in einem Topf mit 50 ml Wasser leicht erhitzen, bis der Zucker vollständig geschmolzen ist. Dann die Hitze auf 130 °C erhöhen (*soft ball stage* auf dem Zuckerthermometer). In einem zweiten Topf den Honig erhitzen (das geht schnell). Dann die Hitze vom Zucker erhöhen, bis er exakt

FÜR DEN FRANZÖSICHEN NUGAT:

400 g extrafeiner Zucker plus
½ TL Zucker extra für das Eiweiß

75 g flüssige Glukose

300 g flüssiger Honig

2 Eiweiß (ca. 60–65 g)

1 Backform (20 × 30 cm, möglichst mit 1,5 cm hohem Rand)

Zuckerthermometer

ERGIBT 40–50 STÜCK (DAS REZEPT LÄSST SICH AUCH HALBIEREN)

158 °C erreicht hat (*hard crack stage*). Den Topf von der Herdplatte nehmen (dann kann der Zucker auf 145 °C abkühlen).

Inzwischen in einer sehr sauberen Schüssel das Eiweiß mit ½ TL Zucker schlagen, bis sich steife Spitzen bilden.

Sobald das Eiweiß fest ist, den heißen Honig langsam hineinlaufen lassen und auf mittlerer Stufe des Handrührgeräts oder der Küchenmaschine schlagen. Durch den Honig wird das Eiweiß gegart (die Schüssel wird heiß – das ist ganz wichtig). Wenn der Honig untergerührt ist, den Zuckersirup (der sich bis auf 145 °C abgekühlt hat, nachdem er vom Herd genommen wurde) in feinem Stahl langsam hinzugießen. Wiederum auf mittlerer Stufe arbeiten (dabei sollte der Sirup die Schüssel oder die Rührstäbe NICHT berühren – sondern möglichst dazwischen hineinlaufen). Das dauert etwas – möglichst gleichmäßig und nicht zu schnell schlagen.

Sobald der Zuckersirup hinzugefügt wurde, die Geschwindigkeit des Mixers erhöhen und in 5–7 Minuten zu einer glänzenden, glatten und festen Masse schlagen. Die Einhaltung dieser Zeit ist wichtig – wird die Masse nicht lange genug geschlagen, dann wird sie dünnflüssig. Deine Küchenmaschine wird sich anhören, als gäbe sie gleich den Geist auf: Das ist Schwerstarbeit. Ich verwende den Schneebesen, doch andere arbeiten gern mit dem Flachrührer. Zum Schluss die Hälfte der Erdnüsse leicht unterheben.

Die Mischung in die vorbereitete Backform füllen und etwa 1,5 cm dick verstreichen. Die restlichen Erdnüsse auf der Oberfläche verteilen. Mit Backpapier abdecken (dieses vorher mit Antihaftspray besprühen) und mit einer Teigrolle die Oberfläche ganz glatt rollen und mögliche Luftbläschen herausdrücken. Mindestens 3 Stunden oder noch besser über Nacht abkühlen lassen.

Die Schokolade temperieren (das bedeutet, dass die Schokolade bis zu einem bestimmten Punkt erhitzt wird, damit sie nach dem Abkühlen schön bricht, wenn man hineinbeißt). Das kannst du auf verschiedene Weise machen, aber ich setze auf die einfache Hausmethode. Die Hälfte der Schokolade in einer sehr sauberen, trockenen Schüssel über dem Wasserbad schmelzen lassen, bis die Schokolade gerade flüssig ist. Zur Kontrolle einen Tropfen auf die Innenseite des Handgelenks tropfen (eine sehr hitzeempfindliche Stelle) – es sollte sich warm, aber nicht kochend heiß anfühlen. Die Schüssel vom Wasserbad nehmen und die restliche Schokolade zügig unterarbeiten – diese wird schmelzen und die Temperatur der ganzen Schüssel reduzieren und entsprechend temperieren.

Die Schokolade auf dem Nugat verstreichen oder aufspritzen und 15–20 Minuten fest werden lassen. Dann in mundgerechte Stücke schneiden. Da das Schneiden etwas schwierig sein kann, am besten ein geöltes scharfes Messer verwenden.

Falls der Nugat zu weich ist (das passiert schon mal in einer feucht-warmen Umgebung, wenn nicht lange genug geschlagen wurde oder wenn der Zucker keine Temperatur 158 °C erreicht hatte), die Stücke zuschneiden. In die geschmolzene Schokolade tauchen und fest werden lassen. Die Stücke werden immer noch köstlich schmecken. Kein Grund zur Aufregung – das passiert selbst den Besten von uns.

knäck

SCHWEDISCHE KARAMELLBONBONS

In jedem schwedischen Haushalt wird zu Weihnachten *knäck* zubereitet – kleine süße Karamellbonbons. Bei mir zu Hause aromatisieren wir sie völlig unterschiedlich und bereiten sie in kleinen Papier-Pralinenförmchen zu. Möglichst Förmchen mit Antihaftbeschichtung verwenden, damit die Karamellbonbons nicht festkleben. Die Förmchen können vor dem Füllen auch mit einem Antihaftspray eingesprüht werden.

200 g Rüben- oder Maissirup
165 g extrafeiner Zucker
200 g flüssige Sahne
50 g Butter

Zuckerthermometer
Papier-Palinenförmchen

ERGIBT 30 KLEINE KARAMELLBONBONS, JE NACH FÖRMCHENGRÖSSE

Möglichst einen hohen Topf verwenden, da die Mischung beim Kochen ganz schön aufsprudelt.

Den Sirup, den Zucker und die Sahne in einem hohen Topf bei gleichmäßiger Hitze zum Kochen bringen. Dabei den Topf im Auge behalten – ich kann das nicht oft genug sagen. Die Temperatur muss genau 125 °C zeigen. Bis die Mischung diese Temperatur erreicht hat, wird sie Bläschen werfen – dann, bei exakt 125 °C, wird sie braun werden. Der ganze Vorgang dauert 20–25 Minuten, also möglichst zwischendurch nicht ablenken lassen.

Sobald die richtige Temperatur erreicht ist, den Topf von der Herdplatte nehmen und die Butter einrühren. Wenn die Mischung länger kocht, wird der Karamell zu fest. Wenn sie vom Herd genommen wird und noch keine 125 °C hat, dann ist der Karamell zu weich.

Die Mischung einige Minuten stehen lassen. Dann auf verschiedene Schüsseln verteilen, um unterschiedliche Toppings zuzubereiten. Oder die Mischung pur in die Förmchen füllen und fest werden lassen. Ich habe für die Toppings und Füllungen keine genauen Mengen angegeben, denn Geschmack ist immer unterschiedlich. Doch 75 g Nüsse, Samen oder Kerne sind ein gutes Richtmaß. Bei Gewürzen reichen schon einige Teelöffel.

Die abgekühlte Mischung in Plastik-Spritzbeutel füllen oder in ein Gefäß mit Ausgießer und die Papier-Pralinenförmchen damit füllen. Die Toppings darauf verteilen und dann vollständig abkühlen und fest werden lassen.

Vorschläge für Füllungen und Toppings
Sesamsamen und Meersalzflocken
2 TL Kakaopulver
geröstete gehackte Mandelkerne
gehackte Pistazienkerne
Pinienkerne
Lakritzpulver
Vanille (Vanillezucker und 1 Prise Meersalz vor dem Portionieren in die heiße Karamellmasse rühren)

NERMAN
En God Jul!

HEILIGABEND

Der wichtigste Tag des skandinavischen Weihnachtsfests – und wahrscheinlich auch des ganzen Jahres. Sobald die Sonne untergeht, legt sich eine Ruhe über die Straßen und zu Hause werden wie an jedem Heiligabend dieselben Gerichte zubereitet. Wir speisen festlich und zünden anschließend die Kerzen am Weihnachtsbaum an und wünschen uns frohe Weihnachten – *god jul!*

TRUTHAHNROLLBRATEN MIT FLEISCHBÄLLCHENFÜLLUNG

Da ich schon lange im Ausland lebe, ist mir zu Weihnachten das traditionelle Essen meiner Heimat ganz wichtig. Natürlich, ich wohne in Großbritannien und die britischen Gewohnheiten haben auch in unserer Familie Einzug gehalten, sodass wir uns zu Weihnachten für Truthahn entscheiden – allerdings mit einer skandinavischen Note. Es ist schwierig, einen ganzen Truthahn wirklich gut zu braten, deshalb bevorzuge ich es, ihn in einzelne Teile zu zerlegen und diese zuzubereiten. Dann habe ich das Braten besser unter Kontrolle. Ich habe hier alles vermischt und schwedische und britische Techniken zusammengeführt.

1 ½–2 kg Truthahnbrust, ohne Knochen und mit Haut – am besten den Metzger bitten, eine ganze Truthahn-/Putenbrust mit einem Schmetterlingsschnitt zuzuschneiden (die Stücke aus dem Supermarkt bestehen meist aus mehreren kleinen Teilen)
3 EL frisch gehackte glatte Petersilie
3 EL frisch gehackte Thymianblätter
Salz
frisch gemahlener schwarzer Pfeffer
ca. ½ Rezept Schwedische Fleischbällchen (siehe Seite 103)
100–120 g Pancetta, fein geschnitten (alternativ durchwachsener Speck, doch je dicker die Scheiben, desto mehr wird benötigt, denn die Scheiben sollen den ganzen Braten bedecken)
1 Stückchen Butter
1 Schuss neutrales Pflanzenöl

Küchengarn
Fleischthermometer

ERGIBT 6 PORTIONEN

Vorsichtig die Haut von der Truthahnbrust lösen und zur Seite klappen. Falls der Metzger das noch nicht getan hat, mit einem scharfen Messer die Brust mit einem Schmetterlingsschnitt zuschneiden – die Brust so zur Seite legen, dass die Haut unten liegt. Dann in die dickste Stelle der Brust mit dem Messer parallel zum Schneidebrett schneiden, um die Brust wie ein Buch zu »öffnen«. Falls nötig, von Knorpeln etc. befreien und in die dicken Teile schneiden, um die Brust weiter zu öffnen. Die Oberseite mit Frischhaltefolie abdecken und mit einem Fleischklopfer oder einer Teigrolle das Fleisch bearbeiten, sodass es schließlich rundherum 1 cm dick ist und möglichst eine Größe von 20 × 25 cm hat.

Das Fleisch mit den Kräutern bedecken und mit Salz und Pfeffer würzen. Die Fleischbällchenmasse gleichmäßig 1 cm dick auf das Fleisch streichen. Nicht alle Reste unbedingt verbrauchen. Den Truthahn zu einer festen Roulade aufrollen, dabei die Truthahnhaut der Länge nach über die Öffnung ziehen, um diese zu schließen. Den Truthahn rundherum mit den Pancettascheiben belegen. Den Braten zum Schluss mit Küchengarn in gleichmäßigen Abständen von 1,5 cm und zweimal längs fest zusammenbinden.

Den Backofen auf 175 °C (Gas Stufe 4) vorheizen.

Butter und Öl in einer Pfanne oder Grillpfanne zerlassen und den Truthahn von beiden Seiten zügig darin anbraten. In die Fettpfanne des Backofens legen und auf der mittleren Schiene des vorgeheizten Backofens fertig garen. Das kann 50–70 Minuten dauern, je nach Vogel, Fleischdicke und Backofentyp. Pro 500 g Fleisch etwa 15 Minuten Garzeit rechnen, plus zusätzlich noch einmal 15 Minuten (ein 1 ½ kg schwerer Braten braucht also etwa 60 Minuten). Der Truthahn ist fertig gegart, wenn das Fleischthermometer eine Kerntemperatur von 72 °C zeigt.

Den fertig gegarten Braten aus dem Backofen nehmen und mindestens 15 Minuten ruhen lassen. Dann das Küchengarn entfernen und das Fleisch anschneiden. Durch die Ruhezeit steigt die Kerntemperatur auf 74–75 °C – bei einer höheren Temperatur würde das Fleisch trocken werden. Den aufgefangenen Bratensatz als Sauce dazu reichen und mit Hasselback-Kartoffeln (siehe Seite 81), kalten Preiselbeeren (siehe Seite 85) und Gemüse servieren.

hjorteskank / hjortlägg

GESCHMORTE HIRSCHHACHSE

Im nördlichen Skandinavien sind Rentiere wegen ihres Fleisches sehr beliebt und das Fleisch gilt als sehr fettarm. Eine Rentierhachse braucht nicht viel – eigentlich reicht es schon, die Garzeit richtig einzustellen. Hirschfleisch ist außerhalb der nordischen Länder einfacher zu bekommen, aber solltest du Rentierfleisch finden, dann ist dieses Rezept einfach großartig.

4 mittelgroße Hirsch- oder Rentierhachsen, küchenfertig
Salz
frisch gemahlener schwarzer Pfeffer

1 großes Stück Butter
Olivenöl
3 Streifen durchwachsener Speck, oder Ähnliches, klein geschnitten
10–12 Wacholderbeeren, zerstoßen
2 Karotten, geschält und klein geschnitten
2 kleine Zwiebeln, abgezogen und grob gehackt
1 Pastinake, geschält und klein geschnitten
1 Stange Staudensellerie, geputzt und klein geschnitten
100 g Knollensellerie, geschält und grob gewürfelt
Weizenmehl Type 405
300 ml trockener Rotwein
1 Lorbeerblatt
4–5 frische Zweige Thymian
600–700 ml Rinder- oder Wildbrühe

ERGIBT 4 PORTIONEN

Den Backofen auf 160 °C vorheizen.

Die Hachsen rundherum mit Salz und Pfeffer würzen. Einen großen ofenfesten Schmortopf auf der Herdplatte erhitzen und die Butter mit einem Schuss Olivenöl darin zerlassen. Die Hachsen hineinlegen und rundherum gut anbraten. Beiseitestellen. Den Speck und die zerstoßenen Wacholderbeeren im selben Fett anbraten und im Topf belassen.

Das Gemüse hinzufügen und bissfest garen. Nun das Fleisch zurück in den Schmortopf legen und mit 1 EL Mehl bestauben. Den Rotwein hinzugießen und einige Minuten kochen. Nochmals mit Salz und Pfeffer würzen und das Lorbeerblatt und den Thymian hinzufügen. Die Brühe hineingießen und den Deckel auflegen. Den Schmortopf für 4 Stunden in den vorgeheizten Backofen stellen, dabei zwischendurch immer wieder kontrollieren, aber nicht allzu oft. Das Fleisch muss ganz langsam garen.

Am Ende der Garzeit die Keulen vorsichtig aus dem Topf heben und mit Aluminiumfolie abdecken. Die Bratenflüssigkeit durch ein Sieb seihen. Das Gemüse auffangen und entfernen. Die Sauce mit etwas Mehl binden und eventuell noch mit Salz und Pfeffer würzen.

Eine Hachse pro Person mit Kartoffelstampf (super mit einem Klecks grobkörnigem Senf) und kaltgerührten Preiselbeeren (siehe Seite 85) servieren. Für eine zusätzliche Beilage empfehle ich warmen würzigen Grünkohl (siehe Seite 96) oder Rotkohl (siehe Seite 74).

flæskesteg / ribbe

SCHWEINEBRATEN

Traditionell wird in Dänemark und in vielen Teilen Norwegens zu Weihnachten Schweinebraten serviert. Auch wenn unterschiedliche Fleischteile verwendet werden, so wird der Braten meist auf gleiche Weise zubereitet. Deshalb kombiniere ich hier das dänische *flæskesteg* und das norwegische *ribbe* in einem Rezept.

2 kg Schweinefleisch*
Salz
Lorbeerblätter
Gewürznelken

Fleischthermometer

ERGIBT 6–7 PORTIONEN

*** *Flæskesteg* wird meist aus dem Schweinerücken zubereitet, der weniger Fett hat als *ribbe*, für das Bauchfleisch verwendet wird. Beide Fleischsorten werden im Backofen gar geschmort. So bekommt die Kruste vor dem Schneiden noch einmal ordentlich Hitze, um aufzureißen. Wir trennen die Kruste beim Garen niemals vom Fleisch – sie bleibt einfach dran.**

Für *ribbe* benötigst du 2 kg fleischigen Schweinebauch mit Knochen. Bitte den Metzger, die Schwarte mit einem 1 cm breiten Rautenmuster einzuschneiden. Dabei sollte der Schnitt nicht bis ins Fleisch gehen, sondern nur in die Schwarte. Für *flæskesteg* kaufst du 2 kg Schweinerücken am Stück, nicht aufgerollt, sondern flach und die Knochen entfernt. Bitte den Metzger, die Schwarte überall 1 cm einzuschneiden. Der Schnitt sollte nicht bis ins Fleisch gehen. Alternativ kannst du das Fleisch mit einem Taschenmesser und etwas Entschlossenheit selbst einschneiden.

Den Backofen auf 200 °C (Gas Stufe 6) vorheizen.

In einen Bräter etwas heißes Wasser einfüllen und das Schweinefleisch mit der Hautseite nach unten in das Wasser legen. Dieses sollte etwa 1–1½ cm hoch sein und die fette Schwarte gerade eben bedecken.

Im vorgeheizten Backofen etwa 20 Minuten garen und dann herausnehmen. Das Wasser wegschütten und das Schweinefleisch wenden – so lösen sich die fetten oberen Schichten und es bildet sich später eine krosse Kruste.

Die Kruste trocken tupfen und mit Salz rundherum kräftig würzen, sodass auch die Risse in der Kruste gesalzen werden. Einige Lorbeerblätter und Gewürznelken in die Risse stecken. Den Bräter mit 475 ml Wasser füllen, dann zurück in den Backofen setzen und die Temperatur auf 130 °C (Gas 1) einstellen. Das Schweinefleisch muss nun etwa 1½–2 Stunden im Backofen garen, bis es eine Kerntemperatur von 68 °C erreicht hat.

Sobald das Fleisch die richtige Temperatur erreicht hat, den Grill des Backofens einschalten und das Schweinefleisch daruntersetzen. Das Fleisch im Auge behalten – die Kruste kann schnell verbrennen, deshalb muss das Fleisch eventuell unter der Hitze mehrfach gewendet werden, damit die Kruste rundherum schön knusprig wird. Mit dem Fleischthermometer kontrollieren, ob die Temperatur an den dicksten Stellen des Fleischstücks in diesem Schritt über 72 °C gestiegen ist.

Das Fleisch 15 Minuten ruhen lassen und erst dann anschneiden. Den aufgefangenen Bratensatz für die Sauce verwenden (siehe Seite 85).

Für *flæskesteg* werden Scheiben in der Breite einer krossen Kruste serviert; für *ribbe* werden 6 × 5 cm große Stücke geschnitten. Es ist manchmal recht schwierig, durch die Knochen des *ribbe* zu schneiden, deshalb kann der Metzger diese Aufgabe vielleicht schon vorher übernehmen.

Flæskesteg mit gekochten und karamellisierten Kartoffeln (siehe Seite 81), dicker brauner Sauce (siehe Seite 85) und Rotkohl (siehe Seite 74) servieren. *Ribbe* mit gekochten Kartoffeln, dicker brauner Sauce, Sauerkohl (siehe Seite 74), Rotkohl (siehe Seite 74), norwegischen Fleischbällchen (siehe Seite 102) und norwegischen Würstchen servieren.

Das Schweinefleisch ist auch ein großartiger Belag für belegte Brote und eine brillante Zutat für eine aus Resten zubereitete Kartoffel-Fleischpfanne.

kålrabistappe

NORWEGISCHER STECKRÜBENSTAMPF

Steckrüben sind in Skandinavien ein beliebtes Wurzelgemüse. Norweger servieren sie Weihnachten traditionell mit getrockneten und gesalzenen Lammrippchen, aber dieser Stampf passt auch gut zu anderen Gerichten. In Schweden wird eine Variante des Gerichtes *rotmos* genannt. Hier kommen noch Kartoffeln zu den Rüben, sodass das Ganze etwas fester wird.

1 Steckrübe (à 1 kg)
2 Karotten
50 g Butter
100 g Crème double
frisch geriebene Muskatnuss
100 ml Fleischbrühe (optional, die Brühe vom Schweinebraten auf Seite 85 wäre gut geeignet)
Salz
frisch gemahlener schwarzer Pfeffer
einige Zweige Thymian zum Garnieren

ERGIBT 4 PORTIONEN

Die Steckrübe und die Karotten schälen und in gleich große Stücke schneiden. In einem Topf mit Wasser bedecken und zum Kochen bringen. Bei mittlerer Hitze weich garen.

Das Gemüse aus dem Topf nehmen und das Kochwasser auffangen. Das Gemüse mit Aluminiumfolie abgedeckt warm halten. wenn es nicht direkt weiterverarbeitet wird.

Mit einem Kartoffelstampfer das Gemüse mit der Butter, der Crème double, der Muskatnuss und 100 ml heißem Kochwasser oder Brühe stampfen, dann abschmecken. Mit Salz und Pfeffer würzen und vor dem Servieren mit Thymianblättchen bestreuen.

lanttulaatikko

FINNISCHER STECKRÜBENSTAMPF

Dieses Gericht aus Finnland ist eine großartige Variation des norwegischen Rübenstampfs in der linken Spalte. Er passt gut zu salzigem Schinken und anderen Wintergerichten.

1 Rezept Norwegischer Steckrübenstampf (siehe links)
1 Ei
2 EL Ahornsirup oder dunkler Sirup
½ TL gemahlener getrockneter Ingwer
50 g Semmelbrösel

ERGIBT 4 PORTIONEN

Den Backofen auf 160 °C (Gas Stufe 3) vorheizen.

Den Rübenstampf mit den restlichen Zutaten mischen, dabei nur die Hälfte der Semmelbrösel verwenden. In einer Auflaufform verstreichen und mit den restlichen Semmelbröseln bestreuen.

Im vorgeheizten Backofen 30–40 Minuten garen, bis die Oberseite etwas knusprig geworden ist.

rødkål

ROTKOHL

Der Duft von gekochtem Rotkohl erinnert mich immer sofort an zu Hause, und wenn ich meine Augen schließe, sehe ich fast Heiligabend meiner Kindheit vor mir. Rotkohl gehört in den nordischen Ländern an Heiligabend und den Weihnachtstagen immer dazu. Im Rest des Jahres nehmen wir ihn als Beilage zu Fleischbällchen oder zum Belegen von Broten. Rotkohl muss länger garen als andere Kohlarten. Deshalb bereite ich ihn meist schon am Vortag zu. So spare ich Zeit und seine Aromen können sich entfalten.

1 kleiner Kopf Rotkohl (ca. 800 g), fein gehobelt oder geschnitten
1 Apfel, geschält, vom Kerngehäuse befreit und gerieben
50 g EL Butter
50 g Kristallzucker
100 ml unverdünnter Schwarze-Johannisbeeren-Saft
und 100 ml Wasser (oder alternativ Rote-Johannisbeeren-Gelee)
50 ml Rot- oder Weißweinessig
Salz
frisch gemahlener Pfeffer
Gewürze, nach Belieben – Sternanis, Lorbeerblatt und Piment passen gut. Ich nehme immer gern eine Zimtstange und Gewürznelken (vor dem Servieren entfernen)

ERGIBT 4–6 PORTIONEN

Alle Zutaten in einem Topf zum Kochen bringen. Dann die Hitze reduzieren und ohne Deckel den Rotkohl 30 Minuten leicht köcheln lassen (regelmäßig die Wassermenge kontrollieren). Nochmals mit Salz und Pfeffer würzen und kontrollieren, ob der Rotkohl noch zusätzlich mit Salz, Essig oder Zucker abgeschmeckt werden muss. Er sollte nicht zu sauer und nicht zu süß sein.

surkål

SAUERKOHL

Auf jeder norwegischen Weihnachtstafel steht *surkål* – eine Beilage aus Sauerkohl wird jeder Norweger direkt mit Weihnachten und Winter assoziieren. *Surkål* wird oft als Sauerkraut beschrieben, jedoch ist er nicht fermentiert und in nur einer Stunde zubereitet. Obwohl die alten *surkål*-Rezepte ähnlich der Zubereitung von Sauerkraut sind, wird heute meist diese schnelle Variante bevorzugt. Es ist leicht, eine Balance zwischen Süß und Sauer zu schaffen, indem beim Garen entsprechend gewürzt wird. Wenn du Kümmelsamen nicht so gern magst, ersetze sie durch deine Lieblingsgewürze (Kreuzkümmelsamen sind gut). Bereite den Kohl am Vortag zu, dann schmeckt er noch mal so gut. Er hält sich eine Woche im Kühlschrank.

1 kleiner Kopf Weißkohl (ca. 800 g), fein geschnitten oder gehobelt
1 säuerlicher Apfel, geschält, vom Kerngehäuse befreit und gerieben
40 g Kristallzucker
50 ml Weißweinessig
1 TL Kümmelsamen
Salz, nach Geschmack

ERGIBT 4–6 PORTIONEN

In einem Topf den Kohl und den Apfel mit 250 ml Wasser zum Kochen bringen. Zucker, Essig und Kümmelsamen hinzufügen und mit Salz würzen. Ohne Deckel rund 30 Minuten garen. Dann kontrollieren, ob der Kohl weich und ausreichend gewürzt ist – andernfalls noch etwas nachwürzen, um die richtige Balance zwischen Süß und Sauer zu finden. Nach Belieben Zucker oder Essig hinzufügen. Wenn man eine kräftige Fleischbrühe zur Hand hat, kann auch diese verwendet werden (die Brühe vom Schweinefleisch auf Seite 85 ist prima).

Nochmals etwa 20 Minuten ohne Deckel garen. Eventuell noch etwas Wasser hinzugießen, wenn sehr viel Flüssigkeit verdampft ist.

Heiligabend

In Skandinavien ist der Heiligabend der höchste Festtag der Weihnachtszeit. An diesem Tag finden alle wichtigen Ereignisse statt, inklusive dem Auspacken der Geschenke und dem großen Weihnachtsmenü.

Die Heiden feierten die Wintersonnenwende drei Tage lang rund um den kürzesten Tag des Jahres. Drei Tage wurde also ausgiebig gefeiert. Ich habe gelesen, dass bei den Wikingern der neue Tag begann, wenn der vorherige mit dem Sonnenuntergang endete. Dieses Bild passt besser zu Heiligabend als zum ersten Weihnachtstag. Ich weiß nicht, ob das stimmt, aber in Skandinavien würde niemand auf die Idee kommen, sich an Heiligabend mit Freunden in der Kneipe zu verabreden. Diesen Abend verbringt man zu Hause mit den Menschen, die man liebt.

Der Heiligabend beginnt in den meisten skandinavischen Familien mit einem ausgiebigen Frühstück, das den ganzen Tag vorhält. Für Gläubige steht am späten Morgen der Gottesdienst auf dem Programm. In der Kirche kann es Heiligabend ganz schön voll werden, deshalb ist der Gottesdienst meist recht kurz, damit alle Zeit dazu finden. Am frühen Nachmittag beginnen die Vorbereitungen fürs Essen – das Fleisch benötigt meist einige Stunden an Vorbereitung.

Zwar teilen wir in ganz Skandinavien viele Traditionen, doch aufgrund der Größe der Fläche können die Speisen von Region zu Region variieren, vor allem beim Weihnachtsessen. In einigen Teilen von Norwegen wird ein gedünstetes Lammkarree namens *pinnekjøtt* serviert, während andere *ribbe* genießen, einen Schweinebauchbraten. *Lutefisk*, ein gallertartiger gesalzener Fisch, wird ebenfalls gegessen (obwohl ich mir nicht sicher bin, ob er auch schmeckt). In Dänemark essen die meisten Leute entweder gebratene Ente oder einen Schweinelendenbraten, zu dem karamellisierte Kartoffeln und Rotkohl serviert werden. In Schweden

dürfen auf einem großen weihnachtlichen *smörgåsbord* Schinken oder Rippchen als Hauptgericht nicht fehlen. Das Abendessen beginnt am späten Nachmittag oder frühen Abend und zieht sich endlos hin. Dabei wird eine Schüssel mit Reispudding irgendwo auf dem Dachboden oder im Keller versteckt, mit der man den Weihnachtself gnädig stimmen will – und ihn davon abhalten möchte, den Rest des Jahres zu grollen (er kann ganz schön griesgrämig sein, wenn man ihn nicht gut behandelt!).

Trotz des ausgiebigen Mahls ist das Dessert gehaltvoll und sahnig-cremig – ein gekühlter Reispudding mit einer darin versteckten ganzen Mandel. Wer sie findet, erhält einen Gewinn, meist ein Marzipanschwein oder eine Schachtel Pralinen. Mein Vater gewinnt fast immer und keiner weiß genau, wie er es anstellt, obwohl er nicht mehr so häufig gewinnt (und mehr lacht), seitdem Enkelkinder dabei sind. Die Kinder wissen, dass nach dem Dessert die Geschenke kommen. In einigen Gegenden tritt der Weihnachtself noch persönlich in Erscheinung, um die Geschenke auszuteilen. Heute hat das Kostüm des Elf meist eine erstaunliche Ähnlichkeit mit der rot-weißen Kleidung des Weihnachtsmanns, aber trotzdem handelt es sich um den Weihnachtself. Er ähnelt verdächtig dem Großvater oder dem Onkel, doch wenn erst einmal die Geschenke verteilt sind, rückt diese Frage in den Hintergrund.

In Dänemark müssen die Geschenke etwas länger auf ihre Verteilung warten. Zunächst wird der Baum in die Mitte gerückt und die echten Kerzen werden entzündet. Man hält sich an den Händen und tanzt Weihnachtslieder singend um den Baum herum. Dann setzen sich alle und das Ganze endet in einem Chaos aus Geschenkeverteilung und Umarmungen. Während die Kinder mit ihren Geschenken spielen, bis sie vor Erschöpfung auf dem Boden zusammensinken, sitzen die Erwachsenen herum und genießen Reste von Weihnachtsgebäck, *glögg* und anderen Getränken. Ich lebe das ganze Jahr auf dieses Fest hin – und dann atme ich aus und merke, dass alles so ist wie immer.

juleand

DÄNISCHE WEIHNACHTSENTE

Bei uns gibt es an Heiligabend immer Ente und Schweinebraten – wir sind eine große Familie mit unterschiedlichen Vorlieben, sodass ein wenig von beidem uns am liebsten ist. Damit die Ente nicht zu trocken wird, kaufen wir eine fette Ente und braten sie langsam bei niedriger Temperatur. Du kannst sie bereits am Vortag zubereiten, in Stücke schneiden und dann bis zum Aufwärmen im Kühlschrank aufbewahren. Durch die Füllung bleibt die Ente beim Garen schön saftig.

1 Ente (ca. 3 kg), küchenfertig
3 säuerliche Äpfel (z. B. Granny Smith)
2 Handvoll Trockenpflaumen (ca. 200 g), entsteint
½ unbehandelte Orange
Salz
frisch gemahlener schwarzer Pfeffer

ERGIBT 4 PORTIONEN

Die Ente parieren. Die Innereien aufbewahren und die Flügelspitzen abschneiden (dort sitzt kein Fleisch, aber diese Teile für die Sauce aufbewahren – siehe Seite 84). Den Vogel mit Küchenpapier trocken tupfen.

Die Äpfel schälen, das Kerngehäuse entfernen und das Innere der Ente mit den Äpfeln füllen. Die Trockenpflaumen und die Orangenhälfte ebenfalls hineingeben. Die Orange wird kein Aroma abgeben, aber zusammen mit den Äpfeln dafür sorgen, dass die Ente schön saftig bleibt. Die Bauchhöhle mit Küchengarn oder Rouladennadeln schließen. Die Haut der Ente rundherum großzügig mit Salz und frisch gemahlenem Pfeffer einreiben (beides vorher mischen).

Den Backofen auf 130 °C (Gas Stufe 1) vorheizen.

Dann 500 ml Wasser in die Fettpfanne des Backofens gießen und diese auf der untersten Schiene in den Backofen schieben. Die Ente mit der Brust nach unten auf den Backofenrost legen und auf der mittleren Schiene im vorgeheizten Backofen 1 Stunde garen. Dann einmal wenden und mit der Brust nach oben weitere 3 Stunden garen. Zwischendurch die Ente immer wieder mit der Garflüssigkeit einpinseln. Falls die Haut noch nicht knusprig ist, sollte das kein Problem sein, denn sie wird zum Ende der Garzeit vor dem Servieren ganz sicher noch kross. Zwischendurch immer wieder die Kerntemperatur kontrollieren – die Ente ist ausreichend gegart, wenn sie eine Kerntemperatur von 72–75 °C hat. Die Garzeit kann je nach Backofen und Größe der Ente variieren, deshalb zwischendurch immer wieder kontrollieren. Als Richtlinie für langsames Garen gilt 1½ Stunden pro 1 kg. Eventuell benötigt die Ente etwas weniger oder etwas mehr Zeit, doch am besten 5–6 Stunden inklusive Ruhezeit bis zum Servieren einplanen. Der Saft muss beim Schneiden klar herauslaufen und der Vogel muss dann ausreichend lange gegart sein.

Die Ente etwa 30 Minuten ruhen lassen, dann auf jeder Seite aus Beinen und Brust 2–3 Stücke zuschneiden. Die Haut nicht ablösen.

Um die Ente vor dem Servieren zu erhitzen, den Backofen auf 120 °C vorheizen und die Ente 20–25 Minuten darin erhitzen, sodass die Haut schön kross und das Fleisch vollständig durchgewärmt wird. Eventuell die Ente noch einige Minuten unter den Grill setzen.

Die Ente mit einer Entenbratensauce (siehe Seite 84), geschmorten Kartoffeln (siehe Seite 81) und Rotkohl (siehe Seite 74) servieren.

hasselbackspotatis

HASSELBACK-KARTOFFELN

Die Hasselback-Kartoffeln sind Schwedens Antwort auf die Röstkartoffeln. Sie wurden zunächst in den 1950er-Jahren populär und sind nach einem Kochlehrling in Stockholms Hasselbacken-Restaurant benannt, der sie kreierte. Inzwischen sind sie überall auf der Welt berühmt. Hasselback-Kartoffeln passen zu allen geschmorten und gebratenen Gerichten. Du kannst die Aromen vielfältig variieren, indem du sie mit Käse (Parmesan oder Västerbotten-Käse passen gut) oder mit frischen Kräutern bestreust.

700 g festkochende Kartoffeln
Öl zum Beträufeln
Salz
frisch gemahlener schwarzer Pfeffer
50 g Butter
50 g Semmelbrösel

ERGIBT 4 PORTIONEN

Den Backofen auf 175 °C (Gas Stufe 4) vorheizen.

Die Kartoffeln schälen. Jede Kartoffel mit einem scharfen Messer im Abstand von 2–3 mm zu zwei Dritteln blättrig einschneiden (große Kartoffeln eventuell vorher halbieren).

Die Kartoffeln mit der eingeschnittenen Seite nach oben in die Fettpfanne des Backofens legen und mit Öl beträufeln. Kräftig mit Salz und Pfeffer würzen und im vorgeheizten Backofen 25 Minuten schmoren.

Kurz vor dem Ende der Garzeit die Butter zerlassen und die Kartoffeln aus dem Backofen nehmen. Jede Kartoffel mit der zerlassenen Butter einpinseln und mit den Semmelbröseln bestreuen. Die Kartoffeln zurück in den Backofen schieben und weitere 25 Minuten schmoren oder bis sie vollständig gegart sind – die Scheiben sollten knusprig und das Innere der Kartoffeln sollte weich sein.

brunede kartofler

KARAMELLISIERTE KARTOFFELN

Diese dänischen karamellisierten jungen Kartoffeln gehören als Beilage einfach dazu – süß und köstlich mit einer sämigen Sauce und Bratenfleisch. Sie werden in einer Schüssel neben gekochten Kartoffeln serviert. Die meisten Leute essen nur wenige, da sie ziemlich gehaltvoll sind, aber fehlen dürfen sie trotzdem nicht!

1 kg kleine festkochende Kartoffeln (ich empfehle, die Kartoffeln bereits am Vortag zu kochen – siehe Methode)
80 g extrafeiner Zucker
25 g Butter

ERGIBT 6–8 PORTIONEN, WENN ZUSAMMEN MIT GEKOCHTEN KARTOFFELN SERVIERT

Am Vortag die Kartoffeln gründlich waschen und abbürsten. In ausreichend Wasser garen. Die Kartoffeln nicht zu weich garen, sonst wird das Gericht später zu breiig. Ich pelle die Kartoffeln nach dem Garen und Abkühlen – es ist zwar etwas aufwendig, doch die Mühe lohnt sich.

Etwa 25 Minuten vor dem Servieren den Zucker und 50 ml Wasser verrühren. Eine Grillpfanne stark erhitzen. Die Zucker-Wasser-Mischung hineingießen und 3–5 Minuten sprudeln aufkochen lassen oder bis das Wasser verdampft ist (die Mischung wird etwas eindicken). Die Butter hinzufügen und zerlassen. Nach 3–4 Minuten wird die Masse braun und beginnt zu karamellisieren. Die Kartoffeln hinzufügen und kräftig darin schwenken. Die Temperatur sollte hoch sein, damit der Karamell flüssig bleibt und die Kartoffeln vollständig überzieht.

Dann nach und nach die Temperatur reduzieren. Der Karamell bildet nun eine feine klebrige Schicht auf den Kartoffeln. Der gesamte Vorgang dauert von hier an 10–15 Minuten. Die Hitze gleichmäßig reduzieren, damit der Karamell ausreichend flüssig bleibt, um die Kartoffeln zu überziehen, wenn diese in der Pfanne gewendet werden (die Kartoffeln sollen eine schöne dünne Schicht aus Karamell bekommen und nicht in einer Sauce aus Karamell schwimmen). Warm in einer Schüssel servieren.

vegobullar

VEGGIE-BÄLLCHEN

Wie anderswo auch, so wird auch in Skandinavien eine fleischlose Ernährung immer beliebter. Allerdings passt sie nicht immer zu traditionellen Gerichten wie etwa den berühmten Fleischbällchen (siehe Seiten 102–103). Diese »Veggie-Bällchen« sind meine Lösung zu diesem Thema. Sie schmecken ähnlich wie Fleischbällchen und machen genauso satt, wenn sie zusammen mit Kartoffelstampf, Preiselbeeren und einer fleischlosen Sauce serviert werden.

1 Zwiebel
1 Karotte
50 g Knollensellerie
100 g Haselnusskerne oder ganze Mandeln
150 g gegarte Linsen (aus der Dose), abgespült und abgetropft
50 g Västerbotten-Käse (oder ein anderer kräftiger Hartkäse), gerieben
2 Eier
1 TL Sojasauce
½ TL gemahlener Piment
½ TL Dijonsenf
2–3 EL frisch gehackte glatte Petersilie
50 g Semmelbrösel
2 EL Weizenmehl Type 405
Salz
frisch gemahlener schwarzer Pfeffer
1 Schuss Öl und 1 Stück Butter zum Braten

ERGIBT CA. 30 STÜCK

Die Zwiebel abziehen, die Karotte und den Knollensellerie schälen und zusammen mit den Nüssen im Standmixer mit der Pulse-Funktion zerkleinern. Die restlichen Zutaten (außer Öl und Butter) hinzufügen und noch einmal mit der Pulse-Funktion zerkleinern. Diese Masse sollte sich leicht zu kleinen Bällchen formen lassen (etwas größer als eine Walnuss). Die Menge reicht für etwa 30 Veggie-Bällchen. Einige Gemüsesorten enthalten mehr Wasser als andere. Wenn also die Bällchen auseinanderfallen, noch etwas Mehl zusätzlich unterarbeiten.

Die Butter und das Öl in einer Pfanne erhitzen und die Veggie-Bällchen portionsweise bei nicht zu hoher Temperatur braten, bis sie rundherum schön knusprig sind. Möglichst in kleinen Portionen braten, damit die Pfanne nicht zu voll ist – dann werden die Bällchen eher gedämpft als gebraten. Ich stelle meine meist noch für 15 Minuten bei schwacher Hitze in den vorgeheizten Backofen, während ich noch die restlichen Portionen brate.

andesovs

SAUCE ZUM ENTENBRATEN

Dieses Rezept ist einfach wunderbar für eine leckere Sauce zur dänischen gebratenen Weihnachtsente (siehe Seite 78). Einige bereiten die Sauce aus der gesamten Bratenflüssigkeit in der Fettpfanne zu, doch ich persönlich finde das etwas zu viel des Guten an Fett, sodass ich die Sauce aus Entenbrühe zubereite.

Bratensaft (siehe Seite 78)
Weizenmehl Type 405
Rote-Johannisbeeren-Gelee (oder Preiselbeergelee und Zucker)
Würze für braune Bratensauce oder Sojasauce (nach Belieben)

FÜR DIE ENTENBRÜHE:
1 Stück Butter
1 Schuss Öl
Enteninnereien und -flügelspitzen (siehe Rezept Seite 78)
1 Karotte, geputzt und klein gewürfelt
1 Zwiebel, abgezogen und klein geschnitten
½ Stange Lauch, in Ringe geschnitten
1 Pastinake oder 1 Stück Knollensellerie, geschält und in Stücke geschnitten
10 schwarze Pfefferkörner
2–3 Pimentkörner (nach Belieben)
2 ganze Gewürznelken (nach Belieben)
einige Zweige frischer Thymian oder Stängel frische glatte Petersilie
Salz
Gewürzmittel nach Belieben, z. B. Würze für braune Bratensauce, Worcestershiresauce, Sherryessig oder Sahne

ERGIBT 4 PORTIONEN

In einem Topf die Butter und das Öl erhitzen. Die Innereien und die Flügelspitzen hinzufügen und rundherum bei starker Hitze anbraten (je dunkler das Braun, desto dunkler wird auch die Sauce). Das klein geschnittene Gemüse, die Gewürze und 1 Liter Wasser dazugeben. Bei aufgelegtem Deckel einige Stunden bei schwacher Hitze auf die Hälfte einkochen lassen, dann abseihen und das Gemüse, die Innereien und die Gewürze entfernen.

Den Bratensaft der Ente in einen durchsichtigen Krug gießen. Für rund 30 Minuten in den Kühlschrank stellen. Dann setzt sich das Fett allmählich an der Oberseite ab. Je länger der Bratensaft kühlt, desto deutlicher trennt er sich.

In einem sauberen Topf 6 EL Entenfett (die obere Schicht im Krug) erhitzen und dann mit 3 EL Mehl zu einer Mehlschwitze anrühren. Diese sollte weder zu flüssig noch zu trocken sein. Deshalb direkt etwas Fett oder Mehl zusätzlich bereitstellen und bei Bedarf unterrühren. Aufkochen lassen, damit mögliche Klumpen sich auflösen. Dann unter ständigem Rühren etwas Entenbrühe hinzufügen, während die Sauce kocht. Wahrscheinlich wird die gesamte Brühe benötigt, doch die Sauce sollte ihre dickliche Konsistenz behalten. Gleichmäßig mit dem Schneebesen schlagen, damit die Sauce schön glatt wird.

Anschließend etwas Bratenflüssigkeit unterrühren – die restliche Fettschicht oben im Krug abschöpfen und nur die Flüssigkeit darunter verwenden. Die Bratenflüssigkeit nach und nach hinzufügen, bis die Sauce beim Kochen die gewünschte Konsistenz erhält. Wenn sie dann immer noch zu dicksämig ist, noch etwas Flüssigkeit hinzufügen (von der Kochflüssigkeit des Gemüses, falls dies gleichzeitig gegart wird).

Dann 1 TL Johannisbeer-Gelee oder Preiselbeergelee unterrühren. Die Sauce eventuell noch mit Salz würzen. Eventuell ist die Bratensauce noch zu hell. Dann einen Tropfen Würze für braune Bratensauce (oder alternativ einen kleinen Tropfen Sojasauce) hinzufügen. Wenn die Bratensauce zu fad schmeckt (das kann schon mal vorkommen), dann helfen einige Tropfen Worcestershiresauce und/oder Sherryessig. Meine Mutter gibt hier meistens noch etwas Marmite hinzu (meiner Meinung nach ist das die einzige Verwendung für Marmite – man kann es wirklich nur für Bratensauce verwenden!). Ein Klecks Sahne sorgt für das dekadente i-Tüpfelchen.

sovs til flæskesteg

SAUCE ZUM SCHWEINEBRATEN

Das ist die perfekte Bratensauce zum Schweinebraten auf Seite 70. Wir essen gern gekochte Kartoffeln, nicht weil wir so langweilig sind, sondern um sie in die dicke cremige Bratensauce zu tunken. Wenn du Röstkartoffeln bevorzugst, dann kannst du diese dazu servieren – in dem Fall kann die Bratensauce dünner sein.

Bratensatz aus der Fettpfanne (siehe Seite 70)
2 EL Weizenmehl Type 405
Gewürze nach Wahl wie Salz, frisch gemahlener schwarzer Pfeffer, Worcestershiresauce, Zucker, Sherry
Würze für braune Bratensauce (nach Belieben)
1 Klecks Sahne

ERGIBT 4 PORTIONEN

Den Bratensatz aus der Fettpfanne in einem durchsichtigen Gefäß auffangen und abkühlen lassen. Das Fett von der Oberseite abschöpfen (im Kühlschrank wird es nach einigen Stunden weiß) und beiseitestellen.

In einem Topf 3 EL Schweinefett von der oberen Schicht im Glas erhitzen, dann 2 EL Mehl hinzufügen und eine Mehlschwitze anrühren. Die Brühe (die Flüssigkeit unten im Glas, die sich vom weißen Fett getrennt hat) hinzufügen und unter Rühren aufkochen lassen. Eventuell noch etwas Wasser hinzufügen (das Kochwasser der Kartoffeln passt gut vom Geschmack). Die Sauce auf die gewünschte Konsistenz einkochen lassen, dann würzen. Falls die Sauce noch nicht fettig genug ist, noch etwas Schweinefett hinzugeben oder sonst einfach nur mit Salz, Pfeffer, Worcestershiresauce, Zucker oder etwas anderem würzen. Ein Tropfen Sherry oder ein ähnliches Aroma sorgt ebenfalls für Geschmack.

Eventuell zum Schluss noch etwas Würze für braune Bratensauce hinzufügen und 1 Klecks Sahne unterrühren. Die fertige Bratensauce sollte die Konsistenz von Crème double haben.

rårörda lingon

KALT GERÜHRTE PREISELBEEREN

Preiselbeerkonfitüre gibt es in skandinavischen Lebensmittelläden zu kaufen, doch genauso gut kannst du eine kalt angerührte Variante ganz leicht selbst zubereiten.

500 g Preiselbeeren
250 g Kristallzucker

Die Preiselbeeren mit dem Zucker verrühren, bis der Zucker sich aufgelöst hat (bei Zimmertemperatur einige Stunden stehen lassen). Das Verhältnis ist meist 2 Teile Preiselbeeren zu 1 Teil Zucker, aber du kannst gern experimentieren, je nachdem, ob du es lieber süß oder sauer magst. Wem es zu sauer ist, der verwendet etwas mehr Zucker.

Die Preiselbeeren halten sich 1 Woche im Kühlschrank. Du kannst auch tiefgekühlte Beeren verwenden, die du vorher aufgetaut hast.

DAS WEIHNACHTLICHE *SMÖRGÅSBORD*

Am ersten und zweiten Weihnachtstag trifft man sich mit der Familie und genießt zusammen ein Mittagessen aus wunderbaren Gerichten und Resten von Heiligabend. Diese Mittagessen sind ausgedehnt und ausgiebig. Wir sitzen am Tisch und unterhalten uns angeregt über die Ereignisse des letzten Jahres und planen schon für das kommende Jahr.

DREI IDEEN FÜR HERING

Ein weihnachtliches *smörgåsbord* wäre ohne eingelegten Hering nicht komplett. Es müssen mindestens zwei Arten von Hering serviert werden, und zwar immer zu Beginn einer Mahlzeit, zusammen mit einem Gläschen Aquavit. Kauf am besten einfachen Hering mit Zwiebeln von guter Qualität (etwa von der dänischen Marke Fiskemandens). Den Hering gut abtropfen lassen und mit einem neuen Gewürz anmachen und einige Stunden marinieren lassen (möglichst über Nacht). Curry-Hering ist ein dänisches Rezept, während Senf-Hering in Schweden sehr beliebt und ein Dauerbrenner in Cafés ist. Außerdem ist er empfehlenswert für all diejenigen, die der Gedanke an eingelegten Hering eher abschreckt. Kaviar-Hering ist eine ausgefallene Hering-Variation und absolut köstlich.

karrysild

CURRY-HERING

100 g Crème fraîche oder Sauerrahm
3 ½ EL Mayonnaise
½ Apfel, vom Kerngehäuse befreit und in feine Stücke geschnitten
1 mittelgroße eingelegte Gurke (etwa 30 g)
½ rote Zwiebel, abgezogen und fein gehackt
1 TL klein gehackte Kapern
1 TL mildes Currypulver
½ TL gemahlene Kurkuma
½ TL Dijonsenf
Salz
frisch gemahlener schwarzer Pfeffer
250 g eingelegter Hering (Abtropfgewicht)
1 EL Schnittlauchröllchen (nach Belieben) zum Garnieren

ERGIBT 2–3 PORTIONEN

Alle Zutaten außer dem Hering in einer Schüssel mischen. Dann nach Belieben mit Salz und Pfeffer würzen, den abgetropften Hering unterheben und marinieren lassen. Auf Brotscheiben verteilen und mit den Schnittlauchröllchen bestreuen. Scheiben von hart gekochten Eiern und mit Butter bestrichene dunkle Roggenbrotscheiben passen gut dazu.

senapssill

SENF-HERING

1 EL Weißweinessig
3 EL Sonnenblumenöl
2 EL Crème fraîche oder Sauerrahm
2 EL extrafeiner Zucker
2 EL Slotts Senap Skånsk (oder ein grober Senf, mit wenig Honig verrührt)
1 EL Dijonsenf
2 EL flüssige Sahne
1 EL Mayonnaise
1 Schalotte, abgezogen und fein gehackt
2–3 EL frisch gehackter Dill
2–3 EL Schnittlauchröllchen
Salz
frisch gemahlener schwarzer Pfeffer
250 g eingelegter Hering (Abtropfgewicht)

ERGIBT 2–3 PORTIONEN

Alle Zutaten außer dem Hering in einer Schüssel mischen. Die Mischung schön cremig rühren und nach Belieben mit Salz und Pfeffer würzen. Den abgetropften Hering unterheben und marinieren lassen.

skärgårdssill

KAVIAR-HERING

3 ½ EL Mayonnaise
100 g Crème fraîche oder Sauerrahm
3 EL Schnittlauchröllchen
3 EL frisch gehackter Dill
½ Frühlingszwiebel, in sehr feine Ringe geschnitten (möglichst weiße und grüne Abschnitte)
50 g Seehasenrogen plus Rogen zum Garnieren
1 Spritzer frischer Saft und etwas abgeriebene Schale von 1 unbehandelten Zitrone (für einen säuerlichen Geschmack)
Salz
frisch gemahlener schwarzer Pfeffer
250 g eingelegter Hering (Abtropfgewicht)

ERGIBT 2–3 PORTIONEN

Alle Zutaten außer dem Hering in einer Schüssel mischen und mit Salz und Pfeffer würzen. Den abgetropften Hering unterheben und marinieren lassen. Den Rogen darauf verteilen.

gravadlax

GRAVED LACHS

Gebeizter Lachs gehört in Schweden zum weihnachtlichen *smörgåsbord* unbedingt dazu. Es ist nicht schwer, den Lachs selbst zu beizen, nur etwas zeitaufwendig. Für einen guten *gravadlax* benötigst du ein gutes Mittelstück vom Lachsfilet oder sogar eine ganze Lachsseite. Die Haut bleibt dran. Ganz wichtig ist, dass der Fisch frisch und von guter Qualität ist und die verwendeten Zutaten zum Beizen schön ausgewogen sind. Dill gehört traditionell dazu, doch kräftige Noten von Fenchel und Koriander passen ebenso gut. Vielleicht möchtest du sogar Rote Bete oder Rotkohl dazu probieren.

1 kg Lachsfilet mit Haut (eine Seite wiegt meist 1,3–1,5 kg – oder ein Mittelstück wählen)

50 g Salz

80 g Kristallzucker

2 TL weiße Pfefferkörner, zerstoßen

1 EL Gin, Wodka oder Aquavit (nach Belieben)

2 Bund Dill (ca. 60 g)

FÜR DAS GRAVED-LACHS-DRESSING:

2 EL schwedischer Senf (möglichst Slotts Senap Skånsk oder ein guter Dijonsenf)

4 EL fein gehackter Dill

1 EL Weißweinessig

1 TL Kristallzucker

1 Prise Salz

frisch gemahlener schwarzer Pfeffer

100 ml kalt gepresstes Rapsöl oder Olivenöl von guter Qualität

ERGIBT 10 PORTIONEN

Ich friere den Lachs zunächst für 48 Stunden bei -18 °C ein. Das tötet mögliche Parasiten ab und deshalb macht das Einfrieren durchaus Sinn. Wenn du Fisch in Sushi-Qualität kaufst, ist er vermutlich vorher schon tiefgekühlt worden (das ist in der EU gesetzlich vorgeschrieben), aber erkundige dich besser noch einmal beim Fischhändler.

Den aufgetauten Fisch auf Gräten kontrollieren. Dazu mit sauberen Fingern auf der fleischigen Seite entlangstreifen und mit einer sauberen Pinzette restliche Gräten herausziehen. Den Lachs in der Mitte quer durchschneiden.

Das Salz, den Zucker und den weißen Pfeffer mischen. Die fleischige Seite mit dem Alkohol (falls verwendet) und etwas Wasser einreiben. Dann mit der Würzmischung einreiben. Das ganze Fleisch sollte rundherum davon bedeckt sein.

Den Dill (mitsamt Stängeln) klein schneiden und auf der Fleischseite einer Hälfte verteilen. Die andere Hälfte mit der Fleischseite darauflegen und den Fisch fest in Frischhaltefolie wickeln. Dann in einen Plastikbeutel legen und im Kühlschrank kühl stellen. In den kommenden 2 bis 3 Tagen den Beutel zwei- bis dreimal am Tag wenden, damit der Fisch gleichmäßig gebeizt wird. Der gebeizte Lachs ist fertig, wenn das Fleisch sich langsam leicht durchsichtig färbt.

Den Fisch auswickeln und die Gewürze entfernen (einige Dillreste stören nicht, aber der Fisch sollte möglichst pur bleiben). Den Lachs mit der Fleischseite nach unten legen und in dünne Scheiben schneiden. Dabei das Messer etwas schräg halten. Mit Zitronenscheiben und dem Graved-Lachs-Dressing servieren. Knäckebrot oder Roggenbrot dazu reichen. Der Fisch hält sich im Kühlschrank einige Tage.

Graved-Lachs-Dressing

Den Senf, den Dill, den Essig, den Zucker, das Salz und den Pfeffer in einer Schüssel verrühren. Langsam und gleichmäßig das Öl in feinem Strahl unter Rühren hinzugießen, dabei zunächst mit einigen Tropfen beginnen. So lange schlagen, bis das Dressing eine schöne cremige Konsistenz angenommen hat (eventuell noch etwas Öl unterrühren, wenn das Dressing zu dicksämig ist).

julskinka

SCHWEDISCHER WEIHNACHTSSCHINKEN

Auch wenn der Schinken ein Hauptbestandteil eines schwedischen Weihnachts-*smorgåsbord* ist, so kaufen ihn die meisten Schweden doch vorgegart. Zwar besteht das schwedische *julbord* nicht aus vielen einzelnen gegarten und gebratenen Speisen, doch die bloße Menge an unterschiedlichen Gerichten zwingt zu einer genauen Planung, genau wie bei jedem anderen Weihnachtsessen auch.

Es ist nicht schwierig, den Schinken selbst zuzubereiten – der Trick besteht darin, ein leicht gesalzenes und nicht geräuchertes Stück Schinken zu bekommen. Außerdem solltest du immer mit einem Fleischthermometer arbeiten, damit das Fleisch nicht trocken wird. Traditionell wird schwedischer Schinken gekocht. In einigen Rezepten wird er in einem Topf mit Wasser im Backofen gegart, in anderen wiederum kommt er im Topf auf den Herd oder wird gebraten. Ich bevorzuge das Kochen bei niedrigen Temperaturen, damit der Schinken schön saftig bleibt. Koche ihn möglichst am Vortag und bereite dann kurz vor dem Servieren die Senfkruste vor. Der schwedische Schinken wird kalt serviert – das ist also ideal (und macht ihn noch schmackhafter).

2 ½ kg leicht gesalzener, trocken geräucherter Schinken, mit Schwarte
1 Zwiebel, abgezogen und geviertelt
10 schwarze Pfefferkörner
2–3 Lorbeerblätter
Salz

FÜR DIE SENFKRUSTE:
1 Eiweiß
3 gehäufte EL körniger schwedischer Senf (oder ein anderer körniger Senf)
3 gehäufte EL Semmelbrösel

ERGIBT 8–10 PORTIONEN ALS TEIL EINES WEIHNACHTLICHEN *JULBORD*

Den Schinken in einen großen Topf legen und mit Wasser bedecken. Die Zwiebel, die Pfefferkörner und die Lorbeerblätter sowie etwas Salz hinzufügen und alles aufkochen lassen. Wenn sich Fett auf der Wasseroberfläche bildet, dieses abschöpfen.

Die Temperatur reduzieren, sodass der Inhalt des Topfes nur noch leicht simmert. Einen Deckel auflegen. Die Garzeit richtet sich nach der Dicke und Größe des Fleisches. Als Faustregel gelten 45–60 Minuten pro 1 kg Fleisch, doch wenn die Kerntemperatur 72 °C erreicht hat, ist der Schinken ausreichend gegart. Ein längerer und schmalerer Schinken wird schneller gar sein als ein sehr fettes und rundes Stück. Beim Kochen mit gesundem Menschenverstand und einem Fleischthermometer arbeiten.

Den Schinken aus dem Wasser heben und abkühlen lassen. Ich decke ihn immer mit Frischhaltefolie ab, damit die Außenseite nicht trocken wird.

Für die Senfkruste vor dem Servieren den Backofen auf 200 °C vorheizen (Gas Stufe 6). Die Fettschwarte vom gekochten Schinken abschneiden und die Oberseite etwas säubern. Die Zutaten für die Senfkruste mit einer Gabel verquirlen und (mit den Händen) auf der Oberseite des Schinkens verteilen. Den Schinken in den vorgeheizten Backofen stellen, damit die Kruste leicht gebacken wird – eventuell vor dem Ende der Backzeit noch kurz unter den Grill des Backofens stellen. Die Kruste muss schön kross werden.

Als ganzes Stück auf die weihnachtliche Tafel setzen und dann nach Bedarf in Scheiben schneiden. Reste vom Schinken können für eine wunderbare Carbonara-Sauce zu Nudeln verwendet werden. Oder für Schinken-Västerbotten-Käse-Roggenbrot-Toasties.

rødkålssalat

ROTKOHLSALAT

Nicht jeder mag gekochten Kohl zu Weihnachten. Deshalb bereite ich häufig diesen frischen und pikanten Salat zu, den ich dann zu kräftigem Fleisch und anderen Beilagen serviere. Er ist einfach, schmeckt aber dennoch sehr weihnachtlich.

500 g Rotkohl
1 kleine rote Zwiebel
5 EL Olivenöl
3 EL Weißweinessig
1 EL Balsamicoessig
Saft von 1 Orange
1 EL Kristallzucker
1 TL Dijonsenf
1 TL Salzflocken
frisch gemahlener schwarzer Pfeffer
2 reife Birnen (Sorte Conference)
100 g Walnusskerne, grob gehackt

ERGIBT 6 PORTIONEN ALS GROSSZÜGIGE BEILAGE

Den Rotkohl in feine Streifen schneiden, die Zwiebel abziehen und in feine Ringe schneiden und beides in einer Schüssel mischen. Die restlichen Zutaten (außer den Birnen und den Walnüssen) verrühren. Dann über dem Rotkohl und den Zwiebeln verteilen und alles gut mischen. Einige Stunden beiseitestellen, damit die Aromen durchziehen können und der Kohl und die Zwiebel weich werden.

Kurz vor dem Servieren die Birnen schälen und in feine Streifen schneiden. Die Walnüsse ohne Fett in einer Pfanne anrösten. Die Birnenstreifen und die Walnüsse unter den Kohl mischen und den Salat sofort servieren.

Variationen

Statt der Walnüsse geröstete Kürbiskerne verwenden. Noch frischer wird der Salat, wenn fein gehackte glatte Petersilie untergemischt wird.

Du kannst den Salat variieren, indem du zerkrümelten Ziegenkäse oder Blauschimmelkäse hinzufügst. Auch geröstete Roggenbrot-Croûtons schmecken gut.

agurkesalat

GURKENSALAT

Diese Beilage passt eigentlich zu allem. Perfekt für das *smörgåsbord* oder als Garnitur auf einem belegten Brot oder zusammen mit Fleischbällchen (siehe Seite 102) – absolut vielseitig. Ich bereite jede Woche eine Portion zu – der Salat schmeckt frischer als Gewürzgurken und hat einen knackigen Biss. Zur Abwechslung kann er mit feinen roten Zwiebelringen zubereitet werden.

2 Salatgurken
Salz
120 g Kristallzucker
200 ml Weißweinessig
frisch gemahlener schwarzer Pfeffer
3–4 EL fein gehackter Dill

ERGIBT 4 PORTIONEN

Die Gurken in sehr feine Scheiben schneiden (das geht leicht mit einem Gemüsehobel) und in eine Schüssel geben. Einige TL Salz hinzufügen und die Gurken 30 Minuten durchziehen lassen.

In einem Topf den Zucker, den Essig und 200 ml Wasser leicht erhitzen. Sobald sich der Zucker aufgelöst hat, den Topf vom Herd nehmen und die Flüssigkeit kräftig mit Salz und Pfeffer würzen.

Die Gurkenscheiben abspülen, um das Salz zu entfernen. Dann mit der vorbereiteten Marinade mischen. Wenn die Gurke noch zu sauer schmeckt, noch etwas Zucker hinzugeben. Wenn sie zu süß ist, noch einen Schuss Essig untermischen. Den Dill hinzufügen und den Salat vor dem Essen mindestens 30 Minuten ziehen lassen.

Der Salat hält sich mindestens 4 bis 5 Tage im Kühlschrank.

grønkålssalat

GRÜNKOHLSALAT

Meist wird Grünkohl für schwedische Gerichte gegart, doch ich bevorzuge den knackigen Biss von frischem krausem Grünkohl. Wenn du den Grünkohl 5 Minuten massierst (ja, du liest richtig), verliert er seine bittere Note und du erhältst einen seidigen, wunderbar bitterknackigen Salat, der perfekt zu fettem Fleisch passt.

75 g Haselnusskerne, geschält und grob gehackt
200 g krauser Grünkohl
mindestens 3 EL frisch gepresster Zitronensaft
Salz
2 Chicorée
2 unbehandelte säuerliche Äpfel
Kerne von ½ Granatapfel
Olivenöl und Gewürze, nach Belieben
frisch gemahlener schwarzer Pfeffer

Die Haselnüsse in einer heißen Pfanne ohne Fett rösten und zum Abkühlen beiseitestellen. Vom Grünkohl die holzigen Stiele entfernen und die Blätter grob zerkleinern.

In einer Schüssel den Zitronensaft und 1 Prise Salz verrühren, dann den Grünkohl hinzufügen. Mit den Fingern 5 Minuten durchkneten – der Grünkohl ändert dabei seine Farbe zu Tiefgrün und fühlt sich weicher an. Dadurch verliert er den bitteren Geschmack.

Die äußeren Blätter des Chicorées entfernen und den Chicorée in feine Streifen schneiden und zum Grünkohl geben. Die Äpfel vom Kerngehäuse befreien, klein schneiden und in die Schüssel geben. Den halben Granatapfel über die Schüssel halten und mit einem Holzlöffel bearbeiten, damit sich die Kerne lösen.

Ein roher Grünkohlsalat kommt ohne viel Dressing aus – meist reicht schon Zitrone. Ich gebe meist noch einen Schuss Olivenöl hinzu und eventuell noch etwas mehr Zitronensaft und Salz. Wenn der Salat zu herb ist, noch 1 Prise Zucker oder etwas flüssigen Honig untermischen, aber möglichst kein sahniges Dressing verwenden. Nach Geschmack salzen und pfeffern. Zum Schluss mit den Haselnüssen bestreuen und servieren.

grønlangkål

JÜTLANDISCHER GEDÄMPFTER GRÜNKOHL

Dies ist ein echtes *humanskost*-Rezept aus der Region Jütland in Dänemark. *Husmanskost* ist ein Wort, das traditionelle, herzhafte und sättigende Speisen umfasst. Blanchierter Grünkohl in weißer Sauce ist ein Weihnachtsklassiker und passt gut zu Schweinefleisch und Schinken. Es ist zwar nicht das allerschönste Gericht, aber es darf in einem skandinavischen Weihnachtskochbuch auf keinen Fall fehlen. Nicht nur in Jütland, sondern überall in Dänemark, Südschweden und Norddeutschland ist *grønlangkål* sehr beliebt. Reste eignen sich hervorragend als Füllung für eine Quiche.

650 g krauser Grünkohl
25 g Butter
25 g Weizenmehl Type 405
300 ml Vollmilch (oder halb Milch und halb Sahne)
Salz
frisch gemahlener schwarzer Pfeffer
Senf, Zucker oder Essig (nach Belieben)

ERGIBT 4 PORTIONEN

Die holzigen Stiele vom Grünkohl entfernen und die Blätter fein hacken. In Wasser 7–8 Minuten blanchieren – eventuell das Kochwasser vom Schinken oder einem anderen Fleisch dazu verwenden, da es dem Kohl zusätzlich Geschmack gibt.

In einem Topf die Butter zerlassen und das Mehl hinzugeben. Unter ständigem Rühren die heiße Milch hinzufügen und alles zu einer Mehlschwitze einkochen. Als Faustregel gilt: Je festlicher der Anlass, desto mehr Sahne wird verwendet, aber das Verhältnis bleibt dir überlassen.

Den Grünkohl in die Sauce geben und einige Minuten bei schwacher Hitze dünsten. Mit Salz und Pfeffer (und eventuell noch etwas Senf) würzen. Je nachdem, wie bitter der Grünkohl ist, muss noch etwas Zucker oder 1 Schuss Essig hinzugefügt werden. Vertraue dabei deinem Geschmack.

Janssons frestelse

JANSSONS VERSUCHUNG

Als Highlight auf jeder schwedischen Festtagstafel darf zu Weihnachten die bescheidene Janssons Versuchung auf keinen Fall fehlen. Es ist eines der am häufigsten missverstandenen Gerichte außerhalb Schwedens, denn es enthält Anchovis, häufig auch mit »Sardellen« übersetzt. Schwedische *ansjovis* sind süß eingelegte Sprotten: Wenn du die salzigen italienischen Sardellen verwendest, die du häufig auf der Pizza siehst, dann ist der Geschmack nicht authentisch. Die berühmteste Marke für *ansjovis* ist Grebbestads ansjovis original, die entweder bei uns im Laden oder über das Internet erhältlich ist. Eventuell hat auch der örtliche IKEA-Laden sie im Angebot. Wenn du Grebbestads nicht finden kannst, dann nimm fein geschnittenen eingelegten Hering.

700 g mehligkochende Kartoffeln, z. B. Adretta oder Bintje
25 g Butter
200 g weiße Zwiebeln, abgezogen und in Streifen geschnitten
1 Dose Sprottenfilets (à 125 g), möglichst Grebbestads ansjovis original
Salz
frisch gemahlener Pfeffer
300 ml Vollmilch
300 ml Crème double
3–4 EL Semmelbrösel

1 Auflaufform (30 × 15 cm)

ERGIBT 4 PORTIONEN ALS BEILAGE

Den Backofen auf 180 °C (Gas Stufe 4) vorheizen.

Die Kartoffeln schälen und in streichholzgroße Stifte schneiden, etwas dünner als Pommes frites. Alle auf einmal verarbeiten und nicht in Wasser einweichen, sonst geht die Stärke verloren. Die Kartoffelstifte in der Auflaufform verteilen und für 20 Minuten im vorgeheizten Backofen garen.

Inzwischen die Butter in einem Topf zerlassen und die Zweibelstreifen darin bei schwacher Hitze weich dünsten, dabei aber nicht bräunen. Die Kartoffeln aus dem Backofen nehmen und zu den Zwiebeln geben. Dabei leicht mischen, ohne dass die Stifte brechen.

Die Hälfte der Kartoffeln und Zwiebeln wieder in die Auflaufform füllen. Die Dose mit Sprottenfilets öffnen und gut die Hälfte auf den Kartoffeln und Zwiebeln verteilen. Kräftig mit Salz und Pfeffer würzen. Die Milch und die Crème double verrühren und die Hälfte der Mischung über den Kartoffeln und Zwiebeln verteilen.

Nun eine zweite Schicht Kartoffeln, Zwiebeln und Sprottenfilets einfüllen und mit der restlichen Milchmischung übergießen. Zum Schluss den Auflauf mit den Semmelbröseln bestreuen. Die Milch-Crème-double-Mischung sollte bis zum oberen Rand der Auflaufform gehen.

Den Auflauf zurück in den Backofen stellen und 30–35 Minuten backen, bis die Kartoffeln vollständig gegart sind. Einige Kartoffeln nehmen mehr Flüssigkeit auf als andere, deshalb zwischendurch eventuell noch etwas Milch und Crème double hinzufügen – schließlich soll der Auflauf eine schöne cremige Konsistenz haben.

Variation

Du kannst auch die Sprotten weglassen – dann wird aus dem Gericht ein leckerer vegetarischer Kartoffelgratin. Dann würde ich einige Tropfen Weißweinessig zur Mischung aus Milch und Crème double geben und mit Salz und Pfeffer kräftig würzen. Wenn du etwas mehr Biss möchtest, dann nimm Kapern statt *ansjovis*.

Die gedeckte Weihnachtstafel

Jedes Jahr aufs Neue sorgt sich meine Mutter, ob es Heiligabend ausreichend zu essen gibt. Uns hat es niemals an etwas gefehlt, aber Sorgen macht sie sich trotzdem. Seit ich selbst an Weihnachten die Gastgeberin bin, stelle ich fest, dass ich mich ebenfalls sorge. Es muss also in der Familie liegen.

Zu Weihnachten lässt sich die Kühlschranktür kaum schließen, denn schließlich müssen genügend Vorräte im Haus sein, um die ganze Familie und andere Gäste ausreichend zu versorgen. Das ist an sich nicht schlecht – höchstens für unsere Taille.

Am ersten und zweiten Weihnachtstag hat man Zeit, nahe und entfernte Verwandte zu besuchen, noch mehr zu essen und weiter zu feiern. In Dänemark ist es nicht ungewöhnlich, eine Seite der Familie am ersten Tag und die andere Seite am zweiten Tag zu besuchen. Am 27. Dezember können wir uns meist nicht mehr bewegen und machen es uns bis Silvester auf dem Sofa bequem.

Die Schweden genießen das Weihnachts-*smörgåsbord* als Festmahl an Heiligabend (und nennen es dann *julbord*). Dänen und einige Norweger tun es ihnen an den Weihnachtstagen gleich. Das *smörgåsbord* ist eine ernstzunehmende Angelegenheit und kann eine längere Zeit in Anspruch nehmen. Bei mir zu Hause ist es nicht unüblich, dass man bis zu sechs oder sieben Stunden zusammen am Tisch sitzt, isst, trinkt und sich unterhält. An den Tagen vor Weihnachten richten die meisten Unternehmen ein *julbord* für ihre Mitarbeiter aus und an den Dezemberwochenenden wird man häufig zu einem *julbord* eingeladen. Derartige Einladungen bestimmen einen Großteil der Vorweihnachtszeit.

In allen skandinavischen Ländern beginnt ein *smörgåsbord* mit eingelegtem Hering, der meist auf einem extra Teller serviert wird. Hering hat den wohl stärksten Geschmack dieser Mahlzeit und kann die restlichen

Speisen überherrschen, wenn er später serviert wird. Um auf den Hering anzustoßen, trinkt man gern ein Gläschen Aquavit, ein sehr starker Getreidekorn, der viele von der Taille abwärts und dann aufwärts betäubt. Ein Aquavit wird in einem Schluck getrunken, sodass nicht-skandinavische Gäste sich im Tempo besser etwas mäßigen. Leider hören die meisten nicht auf diesen Rat.

Als zweiter Gang werden weitere Fischgerichte serviert. Gebeizter Lachs, gebratene Schollenfilets, Räucherlachs, Makrele, Garnelen und Pasteten – der Fisch kommt in kleinen Portionen auf den Tisch, sodass jeder von allem probieren kann. Da mehrere Gänge hintereinander serviert werden, ist weniger oft mehr. Deshalb fallen Neulinge gleich auf, denn sie häufen sich schon beim zweiten Gang ihre Teller ganz voll. Der dritte Gang besteht meist aus Aufschnitt und Pasteten – Salami, Leberpastete, kaltes gesalzenes Rindfleisch oder Roastbeef. Dem schließt sich der vierte Gang an: warmes Fleisch mit unter anderem Fleischbällchen und warmem Schweinebraten.

Jetzt kommen der Schinken und Janssons Versuchung auf das *julbord*. Käse ist meist dem fünften Gang vorbehalten. Wenn dann noch Platz ist, gibt es sahnigen Milchreis, gefolgt von Keksen, Marzipangebäck und Kaffee. Verschiedene Brotsorten werden die ganze Zeit über gereicht, ebenso Rote-Bete-Salat und andere Beilagen, sodass man auch etwas leichtere Speisen wählen kann.

Es ist nur schwer vorstellbar, wie wir diese Mengen an Speisen essen und uns trotzdem noch bewegen können, aber wie immer in Skandinavien, so ist auch hier die richtige Balance das Schlüsselwort. Die servierten Mengen sind überschaubar und man sitzt viele Stunden zusammen und genießt das Essen nach und nach. Häufig schließt sich der ausgiebigen Mahlzeit ein ausgedehnter Spaziergang an (der aber auch vorher schon unternommen werden kann). Gutes Essen ist nicht der einzige Zweck des *smörgåsbord* – vielmehr geht es darum, sich auszutauschen und miteinander zu reden. Es ist eine wunderbare Gelegenheit, das weihnachtliche *hygge*-Gefühl ohne Ablenkungen zu genießen.

DREI REZEPTE FÜR FLEISCHBÄLLCHEN

Es ist einfach unmöglich, ein skandinavisches Weihnachtskochbuch zu schreiben, ohne unsere drei Fleischbällchen-Rezepte aufzuführen. Wenn ich mich für nur eins entschieden hätte, gäbe es bestimmt einen Aufschrei von den beiden anderen Nationen, die nicht vorkommen. Also bekommst du alle drei Rezepte und der Frieden zwischen Schweden, Dänen und Norwegern bleibt gewahrt.

Skandinavien ist riesig und unsere Fleischbällchen-Rezepte variieren von Region zu Region und von Land zu Land. Ich habe die wichtigsten Variationen mit einbezogen, aber es gibt noch jede Menge anderer Varianten. Fleischbällchen werden von jedem anders zubereitet, sodass meine Rezepte als Anleitung dienen mögen, die eigenen Lieblingsfrikadellen zuzubereiten.

Trotz der Unterschiede werden alle Varianten meist mit Kartoffeln (siehe Seite 81), brauner Bratensauce und Rotkohl (siehe Seite 74) oder Preiselbeeren (siehe Seite 85) ganzjährig serviert, und nicht nur zu Weihnachten. Jedes Rezept ist für 4 Personen als Abendessen berechnet, allerdings ist eine Portion als Beilage für größere Büfetts ausreichend.

Tipp für schwedische Fleischbällchen: Wenn die Frikadellen nicht schön rund bleiben, dann einfach noch einige Semmelbrösel vor dem Rollen mit der Hand einarbeiten. Dann werden die Frikadellen außen schön knusprig. Aber nicht zu viel Semmelbrösel verwenden, denn sonst werden die Frikadellen zu trocken.

medisterkaker

NORWEGISCHE FRIKADELLEN

Diese werden an Heiligabend in Norwegen zusammen mit traditionellen Speisen wie etwa *ribbe* (Schweinebauch, siehe Seite 70) serviert. Es gibt in Norwegen zwei Arten von Fleischbällchen. Einige heißen *kjøttkaker* und werden mit Rindfleisch zubereitet, während diese hier mit Schweinefleisch als *medisterkaker* bekannt sind. In der Weihnachtszeit werden üblicherweise *medisterkaker* serviert.

500 g Schweinehackfleisch (mindestens 15 % Fett)
2 TL Salz
2 TL Weizenmehl Type 405
1 Ei
¼ TL gemahlener getrockneter Ingwer
½ TL gemahlene Muskatnuss
½ TL frisch gemahlener weißer Pfeffer
100 ml Vollmilch (nach Bedarf)
Butter oder ein anderes Fett zum Braten (wenn *ribbe* zubereitet wird, dessen Fett für den Geschmack verwenden)

ERGIBT 8–10 STÜCK

In der Küchenmaschine das Schweinehackfleisch und das Salz einige Minuten mit dem Flachrührer verarbeiten, dann die anderen Zutaten außer der Milch hinzufügen. Die Masse muss schön gleichmäßig und fest sein, sodass eventuell keine Milch mehr benötigt wird. Ansonsten die Milch immer nur löffelweise nach und nach hinzufügen.

Die Hände anfeuchten und mit einem Esslöffel etwas Fleischmasse abnehmen, die etwa der Hälfte eines Hamburgers entspricht. Die Masse mit der Handinnenfläche und dem Löffel in eine ovale Form drücken. Die Butter oder das Fett in der Grillpfanne erhitzen und die Frikadellen hineinlegen. Leicht flach drücken und etwa 5 Minuten von jeder Seite braun braten. Dann im vorgeheizten Backofen warm halten.

köttbullar

SCHWEDISCHE FLEISCHBÄLLCHEN

Die Fleischbällchen sind Schwedens größter Exportschlager, doch die hausgemachten Frikadellen haben mit denen aus dem Supermarkt nicht viel gemein. Dies ist ein großartiges Rezept, das du nach Belieben variieren kannst. Reste werden einfach mit etwas Rote-Bete-Salat (siehe Seite 106) fürs Sandwich verwendet.

30 g Semmelbrösel (oder Haferflocken, je nach Geschmack)
150 ml Hühnerbrühe
400 g Rinderhackfleisch
200 g Schweinehackfleisch (mindestens 10 % Fett)
1 TL Salz
1 kleine Zwiebel, abgezogen und gerieben (überschüssige Flüssigkeit herausdrücken)
1 Ei
2 ½ EL Weizenmehl Type 405
1 TL gemahlener Piment
1 TL Senf
½ TL frisch gemahlener weißer Pfeffer
½ TL frisch gemahlener schwarzer Pfeffer
1 Spritzer Worcestershiresauce, Sojasauce oder Marmite
Butter und Öl zum Braten

ERGIBT 30–40 STÜCK

Die Semmelbrösel in der Brühe einweichen und beiseitestellen. In der Küchenmaschine die beiden Hackfleischsorten mit dem Salz einige Minuten verarbeiten. Die Zwiebel, das Ei, das Mehl, den Piment und die Brotbröselmischung hinzufügen und alles zu einer glatten festen Masse verarbeiten. Die restlichen Zutaten untermischen und 30 Minuten kühl stellen.

Mit angefeuchteten Händen ein kleines walnussgroßes Bällchen aus der Masse formen – das ist das Testbällchen. Die Butter mit dem Öl in einer Grillpfanne erhitzen und das Fleischbällchen einige Minuten darin anbraten. Probieren und eventuell den restlichen Fleischteig noch mit Salz und Pfeffer würzen. Dann einen zweiten Ball braten.

Wiederum mit angefeuchteten Händen die restlichen Bällchen formen. Nicht zu viele Bällchen auf einmal in der Pfanne braten, sonst klumpen sie zusammen. Die fertigen Bällchen bis zum Servieren im vorgeheizten Backofen warm halten.

frikadeller

DÄNISCHE FRIKADELLEN

Die dänische Frikadellen-Variante wird warm oder kalt zum Weihnachtsmenü oder zum *smörgåsbord* serviert, aber erstaunlicherweise niemals an Heiligabend gegessen.

300 g Kalbshackfleisch
200 g Schweinehackfleisch
1 TL Salz
1 Zwiebel, abgezogen und gerieben (überschüssige Flüssigkeit herausdrücken)
1 Ei
3 EL Semmelbrösel
1 EL Weizenmehl Type 405
1 TL gemahlener Piment (nach Belieben)
1 Prise Muskatnuss (nach Belieben)
100 ml warme Vollmilch plus 1 EL warme Milch zum Auflösen des Brühwürfels
½ Brühwürfel (in Milch aufgelöst)
frisch gemahlener schwarzer Pfeffer
100 ml Mineralwasser
75 g Butter und 1 Schuss Öl zum Braten

ERGIBT 8–10 STÜCK

In der Küchenmaschine das Fleisch und das Salz etwa 1 Minute verrühren. Die Zwiebel sowie alle anderen Zutaten, außer dem Wasser, hinzufügen und alles gut mischen. Die Masse 30 Minuten kühl stellen.

Das Mineralwasser zur Fleischmasse gießen und mit der Hand unterarbeiten.

In einer Grillpfanne die Butter erhitzen, bis sie bräunt und Bläschen bildet. Dann 1 Schuss Öl hinzufügen.

Mit einem Esslöffel aus der Fleischmasse etwa eigroße Bällchen abnehmen. Diese mit der Hand und dem Löffel in eine ovale Form drücken. Von jeder Seite 2–3 Minuten braten. Im Backofen warm halten, bis alle Bällchen fertig gebraten sind.

rodbedesalat

ROTE-BETE-SALAT

In den zehn Jahren, in denen ich nun das Café betreibe, ist dies wohl das Rezept, das ich am häufigsten herausgegeben habe. Wir bereiten diesen Salat jeden Tag in größeren Mengen zu. Er ist äußerst köstlich, vielseitig und ein wahrer Genuss und dabei noch gesund. Jedes skandinavische Weihnachtsessen wäre ohne ihn nicht komplett. In Dänemark enthält das Rezept meiner Tante Vibeke noch zusätzlich Schlagsahne. In Schweden kommen bei meinem Schwiegervater Leif zusätzlich Gewürzgurken hinein. Mein eigenes Rezept reicht als Beilage für sechs Personen. Reste können gut für Sandwiches mit Fleischbällchen genutzt werden.

2 Gläser eingelegte Rote Bete* (Abtropfgewicht etwa 600 g)
Kristallzucker (nach Belieben)
Zucker (nach Geschmack)
1 säuerlicher Apfel (z. B. Granny Smith)
1 Spritzer frischgepresster Zitronensaft
75 g Mayonnaise
100 g Crème fraîche oder Sauerrahm
2–3 EL Balsamicoessig
Salz
frisch gemahlener schwarzer Pfeffer

ERGIBT 6 PORTIONEN ALS BEILAGE

*** Nicht jede eingelegte Rote Bete schmeckt gleich gut. Skandinavische Marken haben meist eine süße Marinade, obwohl sie ohne Süßstoffe auskommen (ich bevorzuge die Marken Felix und Beauvais). In einigen Ländern werden Süßstoffe verwendet, doch diese solltest du möglichst meiden. Osteuropäische Produkte sind meist säuerlicher im Geschmack, sodass du vielleicht etwas Zucker hinzufügen musst. Auf jeden Fall braucht dieser Salat eine gewisse Süße.**

Die Rote Bete abtropfen lassen und in 1 cm große Würfel schneiden. Eventuell probieren, ob noch etwas Zucker hinzugefügt werden muss – wenn ja, dann die Rote Bete mit wenig Zucker bestreuen (etwa 1–2 EL, je nach Geschmack).

Den Apfel schälen, vom Kerngehäuse befreien und ebenfalls in 1 cm große Würfel schneiden. Mit dem Zitronensaft beträufeln.

Für das Dressing die Mayonnaise und die Crème fraîche oder den Sauerrahm mit dem Balsamicoessig verrühren. Mit Salz und Pfeffer würzen.

Die Rote-Bete- und die Apfelwürfel mischen und mit dem Dressing übergießen. Zu diesem Zeitpunkt sieht der Salat sehr rosa aus, aber nach einigen Stunden im Kühlschrank wird er dunkler, da die Säfte in das Dressing ziehen. Eventuell kurz vor dem Servieren noch einen Klecks Mayonnaise zusätzlich unterrühren, falls der Salat zu dunkel geworden ist. Er sollte eine leuchtend dunkelpinke Farbe annehmen.

Variationen vom Rote-Bete-Salat

- Leifs Variante: Zusätzlich klein gewürfelte Essig- oder Gewürzgurken untermischen.
- Vibekes Variante: Kurz vor dem Servieren noch einige Löffel Schlagsahne (ohne Zucker) unterheben
- Klein gehackte Kapern hinzufügen.
- Wenn aus dem Salat eher ein Heringssalat fürs *smorgåsbord* werden soll, einfach einige klein gehackte hart gekochte Eier mit klein geschnittenen eingelegten Heringsfilets und Rote-Bete-Salat mischen.
- Gegarte Möhren und Kartoffeln würfeln und zusammen mit roten Zwiebeln und Kapern zum Salat geben. Das nenne die Dänen dann einen »Russischen Salat«.
- Für eine leichtere Variante die Mayonnaise durch Skyr oder Quark ersetzen.
- Nussiger wird der Salat durch klein gehackte geröstete Walnusskerne.
- Noch 1 Handvoll Schnittlauchröllchen und einige klein gehackte Trockenaprikosen (diese 1 Stunde vorher einweichen) untermischen.
- Mayonnaise und Crème fraîche durch zerkrümelten Feta-Käse und geröstete Haselnusskerne ersetzen. Nach Belieben mit Dill bestreuen.

WEIHNACHTS-BROTE

Das ganze Jahr über kommen vor allem gesunde dunkle Roggenbrote und Knäckebrote auf den Tisch, doch Weihnachten ist die Zeit, in der man sich gern mit süßen Broten und Familienrezepten von Mutter und Großmutter verwöhnt. Zwar mag es von Norden bis Süden andere Traditionen geben, doch ist eines gewiss: Brote werden immer selbst gebacken und mit Liebe zubereitet.

vörtbröd

SCHWEDISCHES WEIHNACHTSBROT

Aus der Weihnachtszeit in Schweden ist dieses Brot nicht wegzudenken. Es ist ein süßes Brot, das man gerne zu dem Weihnachtsschinken (siehe Seite 92) serviert. Traditionell wird das *vörtbröd* mit Rosinen gebacken, aber du kannst sie auch weglassen, wenn das Brot nicht so süß sein soll. (In schwedischen Bäckereien erhält man es mit und ohne Rosinen.) Getrocknete Bitterorangenschale ist oft schwer zu finden, und auch nicht ganz einfach zu mahlen. Aber man bekommt sie in skandinavischen Lebensmittelläden und natürlich im Internet. Wenn du sie nur im Ganzen erhältst, kannst du sie in einer Gewürzmühle oder einer sauberen Kaffeemühle mahlen.

50 g Butter plus Butter zum Bestreichen
1 TL gemahlene getrocknete Bitterorangenschale
1 EL gemahlener getrockneter Ingwer
½ EL gemahlene Gewürznelken
1 TL gemahlener Kardamom
25 g frische Hefe
250 ml Guinness (oder ein anderes dunkles Bier)
80 g dunkler Rübensirup oder Melassesirup
2 EL Malzextrakt
200 g Roggenvollkornmehl
1 EL Meersalz
500 g Weizenmehl Type 812
100 g Rosinen

ERGIBT 2 LAIBE

Die Butter zerlassen. Die gemahlene Bitterorangenschale, den Ingwer, die Gewürznelken und den Kardamom einrühren und ziehen lassen.

In der Küchenmaschine die Hefe in 250 ml lauwarmem Wasser (nicht wärmer als 37 °C) auflösen. Das Bier und den Rübensirup oder die Melasse hinzufügen und alles verrühren. Die Butter-Gewürz-Mischung, das Malzextrakt und anschließend das Mehl hinzugeben: Zuerst das Roggenvollkornmehl und dann das Salz untermischen. Die Rosinen nach Belieben zusammen mit dem restlichen Mehl hinzufügen. Gerade so viel Mehl untermischen, dass der Teig schön elastisch und fest ist – eventuell etwas mehr oder weniger Mehl hinzugeben.

Den Teig an einem warmen Ort mindestens 1 Stunde gehen lassen, bis er sein Volumen verdoppelt hat. Er kann auch länger an einem kühlen Ort gehen.

Gut durchkneten und zu zwei Brotlaiben formen. Diese auf ein Backblech legen und dann abgedeckt 1 weitere Stunde gehen lassen.

Den Backofen auf 250 °C (Gas Stufe 9) vorheizen. Eine kleine ofenfeste Schüssel mit Wasser füllen und beiseitestellen.

Ein kleines Stück Butter zerlassen und die Oberseiten der Laibe damit bestreichen. Die Brote in den vorgeheizten Backofen schieben und die Temperatur auf 200 °C (Gas Stufe 6) reduzieren. Dann die Schüssel mit Wasser unten in den Backofen stellen und die Backofentür direkt wieder schließen. So bekommt das Brot eine schöne Kruste.

Die Brote in etwa 30 Minuten goldbraun backen. Das Brot ist ausreichend gebacken, wenn es eine Kerntemperatur von 98 °C hat. Die Backzeit kann je nach Backofen variieren. Wenn das Brot also beim Backen zu dunkel wird, die Backofentemperatur eventuell etwas reduzieren.

britiske juleboller

GEWÜRZSCHNECKEN

Das Geheimnis von weichen, duftigen Zimtschnecken ist der Teig, aber hier wird er leicht abgewandelt: Meine norwegische Kollegin Martinas verwendet *mincemeat* (für alle Nicht-Briten: Das ist eine traditionelle süße Frucht-Füllung aus frischen und getrockneten Früchten und weihnachtlichen Gewürzen; sie ist über das Internet zu bestellen.) Das passt wunderbar, aber wenn du die skandinavische Variante bevorzugst, dann nimm die Zimtfüllung.

FÜR DEN GRUNDTEIG:

- 250 ml Vollmilch, auf 36–37 °C erwärmt
- 25 g frische Hefe
- 80 g Butter, zerlassen und leicht abgekühlt
- 40 g Kristallzucker
- 400–500 g backstarkes Weizenmehl Type 550
- 2 TL gemahlener Kardamom
- 1 TL Salz
- 1 Ei, verquirlt

FÜR DIE FÜLLUNG:

- 1 Glas *mincemeat* (à 400 g; über das Internet zu bestellen)

FÜR DIE GLASUR:

- 100 g Kristallzucker (für den Zuckersirup)
- Hagelzucker (nach Belieben)

FÜR DIE ZIMTFÜLLUNG (NACH BELIEBEN):

- 100 g weiche Butter
- 100 g Kristallzucker (ich nehme zur Hälfte braunen und zur Hälfte weißen Zucker)
- 1 EL gemahlener Zimt
- ½ TL Vanilleextrakt
- 1 TL Weizenmehl Type 405

ERGIBT 16 STÜCK

Für den Teig die warme Milch mit der Hefe in der Rührschüssel der Küchenmaschine verrühren, bis sich die Hefe aufgelöst hat. Die abgekühlte zerlassene Butter 1 Minute unterarbeiten, dann den Zucker untermischen.

In einer zweiten Schüssel 400 g Mehl mit dem Kardamom und dem Salz mischen. Die Mehlmischung nach und nach unter die Milch rühren. Die Hälfte des verquirlten Eis hinzufügen und den Teig 5 Minuten kneten. Bei Bedarf noch etwas Mehl hinzufügen – der Teig sollte aber etwas klebrig sein. Allerdings sollte er nicht an den Fingern kleben bleiben. Möglichst nicht zu viel Mehl hinzufügen, denn dann werden die Zimtschnecken zu trocken – du kannst später immer noch etwas Mehl unterarbeiten.

Den Teig in der Schüssel mit einem Küchentuch oder Frischhaltefolie abdecken und an einem warmen Ort etwa 30 Minuten gehen lassen, bis sich sein Volumen vergrößert hat. Den Teig auf einer leicht mit Mehl bestaubten Arbeitsfläche mit den Händen durchkneten und bei Bedarf noch etwas Mehl unterarbeiten. Den Teig zu einem 40 × 50 cm großen Rechteck ausrollen.

Das *mincemeat* auf dem Teig gleichmäßig dünn verstreichen. Auch wenn noch ein Rest übrig bleibt, sollte die Schicht nur dünn sein. Den Teig längs zu einem langem Zylinder aufrollen und in 16 Scheiben schneiden. Diese auf ein mit Backpapier ausgelegtes Backblech legen, mit einem Küchentuch abdecken und weitere 20 Minuten gehen lassen.

Den Backofen auf 200 °C (Gas Stufe 6) vorheizen.

Die Schnecken mit dem restlichen verquirlten Ei bestreichen und dann 6–9 Minuten im vorgeheizten Backofen goldbraun backen. Sie können leicht zu dunkel werden, deshalb die ganze Zeit über im Auge behalten.

Für die Glasur in einem Topf 50 ml Wasser mit dem Kristallzucker aufkochen, bis der Zucker Bläschen wirft und sich auflöst. Wenn die Schnecken auf dem Backofen kommen, sofort mit dem Sirup bestreichen und dann, falls verwendet, mit dem Hagelzucker bestreuen. Mit einem feuchten Küchentuch abdecken, damit sie nicht trocken werden.

Variation

Für Zimtschnecken die Zutaten für die Füllung glatt verrühren und den ausgerollten Teig damit bestreichen. Dann wie oben beschrieben weiterarbeiten.

hönökaka

SCHWEDISCHE FLADENBROTE

Diese Fladenbrote sind nach der Insel Hönö vor der Küste Göteborgs benannt. Dort wurden sie ursprünglich von den Fischer- und Bauernfamilien gebacken. Fertiges *hönökakor* ist in Schweden überall zu finden, es kann jedoch manchmal etwas süß sein. Ich nehme hellbraunen Zucker, aber nicht so viel wie in anderen Rezepten – er rundet den Brotgeschmack schön ab. Ich backe die Fladenbrote wöchentlich für die Schulbrote der Kinder und als Brot zum *smörgåsbord*. Sie sind ideal für belegte Brote mit Fisch und Meeresfrüchten. Ich mag mein *hönökakor* ohne alles, aber du kannst auch Fenchel- oder Kümmelsamen hinzufügen, oder was dir sonst schmeckt.

50 g frische Hefe
50 g hellbrauner Zucker
400 g helles Roggenmehl
400 g backstarkes Weizenmehl Type 550, eventuell wird nicht die gesamte Menge benötigt
1 EL Salz
100 g weiche Butter (Zimmertemperatur)

ERGIBT 6 GROSSE BROTE (GUT ZUM TIEFKÜHLEN GEEIGNET)

In der Schüssel der Küchenmaschine die frische Hefe in 500 ml Wasser auflösen. und für etwa 1 Minute verrühren. Dann den Zucker hinzufügen und weiterrühren, bis er sich aufgelöst hat. Nun jeweils zwei Drittel der beiden Mehlsorten und das Salz unterarbeiten. Eventuell wird nicht die gesamte Mehlmenge benötigt, deshalb wird zu Beginn nur zwei Drittel Mehl hinzugefügt. Noch Mehl hinzugeben, falls nötig. Die Butter gut untermischen. Bei Bedarf noch weiteres Mehl hinzufügen. Wenn der Teig anfängt, sich von den Seiten der Schüssel zu lösen (etwa nach 5 Minuten Kneten in der Küchenmaschine und wenn genug Mehl hinzugefügt wurde), den Teig abdecken und an einem warmen Ort gut 1 Stunde gehen lassen, bis sich sein Volumen verdoppelt hat.

Den Teig auf einer mit Mehl bestaubten Arbeitsfläche gut durchkneten und in sechs gleich große Stücke teilen. Zu 30 cm großen Fladen ausrollen, mit einer Gabel einstechen und auf mit Backpapier ausgelegte Backbleche legen. Mit einem Küchentuch abdecken und weitere 40 Minuten gehen lassen.

Den Backofen auf 250 °C (Gas Stufe 9) vorheizen. Ich schiebe die Backbleche bereits jetzt in den Backofen, denn durch vorgeheizte Backbleche wird die Unterseite des Brots besonders schnell gebacken – das gleiche Prinzip wie bei einem Pizzastein.

Die Brote, kurz bevor sie in den Backofen kommen (eventuell portionsweise backen), noch einmal mit einer Gabel einstechen. Etwa 8 Minuten backen. Dabei die Brote im Auge behalten, denn sie werden durch den enthaltenen Zucker schnell braun. Sie sollten leicht goldbraun, aber nicht zu dunkel werden.

Aus dem Backofen nehmen und unter einem feuchten Küchentuch abkühlen lassen, während die restlichen Brote gebacken werden.

söttlimpa

SCHWEDISCHES SÜSSES BROT

Die Schweden essen vorzugsweise Knäckebrot, aber genauso gern mögen sie ein süßes Brot wie dieses. Das gebackene Brot ist nicht so süß, wie man vermuten würde, aber Zucker und Sirup sind wichtig für den Geschmack und die Textur, aber auch für das Aufgehen des Teigs. Ich liebe das Brot frisch aus dem Ofen, mit einem guten würzigen Käse belegt! Du kannst es in einer Backform oder mit der Hand geformt backen. Das Rezept reicht für zwei große Laibe, aber wenn du drei kleine Brote backst, musst du die Backzeit entsprechend anpassen. Wenn die Brote über Nacht gehen, kannst du die Hefe um mindestens die Hälfte reduzieren und die Brote, abgedeckt, bei einer Temperatur von 12–14 °C etwa 12 Stunden gehen lassen.

50 g frische Hefe
100 g dunkelbrauner Zucker
75 g Rüben- oder Maissirup
50 g Butter, zerlassen und leicht abgekühlt
100 ml Buttermilch oder Dickmilch
450 g backstarkes Weizenmehl Type 550
400 g helles Roggenmehl
100 g Roggenvollkornmehl
1 gehäufter TL Salz
1 Ei
verquirltes Ei oder Öl zum Bestreichen

ERGIBT 2 BROTE

In der Rührschüssel der Küchenmaschine die frische Hefe in 500 ml lauwarmem Wasser (nicht wärmer als 37 °C) unter Rühren in etwa 1 Minute auflösen. Den Zucker und den Sirup hinzufügen und weiterrühren. Dann die zerlassene Butter und die Buttermilch untermischen. Nach und nach das Mehl sowie etwas Salz und das Ei hinzufügen.

Das Mehl unter Rühren hinzufügen und den Teig 5 Minuten durchkneten. Der Teig sollte dann elastisch, aber nicht trocken sein. Eventuell nicht die gesamte Mehlmenge verarbeiten. Besser eventuelle Reste für das zweite Kneten aufbewahren.

Die Schüssel mit Frischhaltefolie abdecken und den Teig 1 Stunde gehen lassen, bis er sein Volumen verdoppelt hat.

Den Teig auf einer mit Mehl bestaubten Arbeitsfläche mit den Händen einige Minuten durchkneten. In zwei Teile schneiden und diese zu Broten formen oder in eine Brotbackform geben. Nochmals 40 Minuten gehen lassen.

Den Backofen auf 220 °C (Gas Stufe 7) vorheizen.

Die Oberseite der Brote mit dem verquirlten Ei oder dem Öl bestreichen. In den vorgeheizten Backofen stellen und die Temperatur sofort auf 200 °C (Gas Stufe 6) reduzieren. Die Brote müssen 30–40 Minuten backen oder bis sie ganz durchgebacken sind. Die Oberseite der Brote im Auge behalten – wenn sie zu stark bräunen, die Temperatur etwas reduzieren.

Die Brote aus dem Backofen nehmen und mit einem feuchten Küchentuch abdecken, damit sich keine Kruste bildet.

skorpor

KARDAMOM-ZWIEBACK-BRÖTCHEN

Wenn ich kurz vor dem Schlafengehen hungrig bin (das kommt ziemlich oft vor), dann esse ich gern knusprige Teilchen so wie diese *skorpor*. Sie sind zu jeder Tageszeit ein toller Snack, aber wenn du etwas Leckeres essen möchtest und die Schokoriegel unbedingt meiden willst, dann sind sie perfekt. Durch den Kardamom bekommen sie einen köstlichen Geschmack.

Skorpor kann mit Hefe oder mit Backpulver zubereitet werden. In diesem Rezept wird Backpulver verwendet, einfach weil es super einfach geht. Das Geheimnis von gutem *skorpor* liegt darin, sie vollständig zu trocknen, deshalb dienen die Backzeiten als Richtlinie. Manchmal muss ich sie auch über Nacht im Backofen lassen (bei ausgestelltem Backofen), damit sie am nächsten Tag auch wirklich trocken sind.

100 g weiche Butter
50 g hellbrauner Zucker
400 g backstarkes Weizenmehl Type 550
100 g Weizenvollkornmehl
2 TL gemahlener Kardamom
2 TL Backpulver
1 Ei
200 ml Vollmilch
½ TL Salz

ERGIBT CA. 40 STÜCK

Den Backofen auf 225 (Gas Stufe 7) vorheizen. Einige Backbleche mit Backpapier auslegen.

Butter und Zucker in der Schüssel der Küchenmaschine cremig rühren. Dann die restlichen Zutaten hinzufügen und alles zu einem klebrigen Teig verarbeiten. Bei Bedarf noch etwas Mehl hinzufügen.

Aus dem Teig eiergroße Bällchen formen und auf den Backblechen verteilen. Im vorgeheizten Backofen 10 Minuten backen. Aus dem Backofen nehmen und mit einer Gabel oder einem Messer halbieren. Mit der Schnittfläche nach oben auf die Backbleche legen.

Die Backofentemperatur auf 180 °C (Gas Stufe 7) reduzieren und das *skorpor* für weitere 15–20 Minuten zurück in den Backofen stellen. Je nach Backofen benötigt das *skorpor* eine kürzere oder längere Backzeit, damit es ganz trocken und schön knusprig wird.

Vollständig trocken werden lassen und dann mit Butter, Konfitüre, Käse oder einem beliebigen Belag genießen.

julekringle

WEIHNACHTSBROT

Kringle ist das skandinavische Wort für Bretzel. Während die klassische Variante genauso aussieht wie die bekannte deutsche Form, spreche ich hier von *kringle*, weil das Rezept das gleiche ist, das auch für dänisches Plundergebäck verwendet wird. Jede skandinavische Bäckerei hat vor der Tür ein Bretzel-Schild hängen – auch wenn der *kringle* nicht in seiner traditionellen Form erscheint, so hat er doch meist eine Füllung aus Trockenfrüchten, Marzipan und Nüssen. Dieser Teig ist die Grundlage für alle Arten von *wienerbrød* – was wir dänisches Plundergebäck nennen. Es ist ein luftiges, äußerst köstliches Gebäck. Die Zubereitung erfordert zwar etwas Zeit und Übung, ist aber ansonsten nicht schwierig. Probiere diese Leckerei frisch aus dem Ofen und du wirst feststellen: Die Mühe lohnt sich absolut. Du kannst diesen Teig als Grundrezept für anderes dänisches Gebäck wie Strudel, *spandauer* oder *tebirkes* verwenden.

FÜR DEN PLUNDERTEIG:

25 g frische Hefe
150 ml lauwarme Vollmilch
50 g Kristallzucker
50 g weiche Butter
1 TL Salz
350 g backstarkes Weizenmehl Type 550 plus Mehl zum Bestauben
1 Ei plus 1 Eigelb zum Bestreichen

FÜR DIE BUTTERFÜLLUNG:

350 g Butter
25 g Weizenmehl Type 405

FÜR DIE MANDELPASTE:

100 g Marzipan (mind. 50/50-Qualität)
100 g weiche Butter
100 g Puderzucker

FÜR DIE FÜLLUNG VON 2 *KRINGLER*:

100 g Rosinen, über Nacht eingeweicht
50 g Mandelblättchen
Hagelzucker oder Puderzucker zum Garnieren

Für den Teig in der Rührschüssel der Küchenmaschine die frische Hefe in der Milch auflösen. Den Zucker und die Butter hinzufügen und alles gut verrühren. Das Salz unter das Mehl mischen und dieses nach und nach in die Rührschüssel geben. Wenn die Hälfte des Mehls untergerührt ist, das ganze Ei hinzufügen und das restliche Mehl nach und nach unterrühren. Noch weitere 5 Minuten kneten, bis der Teig ein wenig klebrig ist. Eventuell wird nicht die gesamte Mehlmenge benötigt oder es muss noch etwas Mehl zusätzlich hinzugefügt werden – der Teig sollte auf jeden Fall nicht zu trocken sein.

Die Rührschüssel mit Frischhaltefolie abdecken und den Teig 1 Stunde gehen lassen.

Den Teig auf einer mit Mehl bestaubten Arbeitsfläche kräftig durchkneten und bei Bedarf noch etwas Mehl hinzufügen, damit er schön elastisch und gut zu bearbeiten ist. Den Teig zu einem etwa 35 × 35 cm großen, möglichst gleichmäßigen Quadrat ausrollen.

Für die Butterfüllung mit den Händen die Butter mit dem Mehl zu einer Kugel verkneten, die mit dem Teigroller flach ausgerollt werden kann. Es ist wichtig, dass die Butterfüllung die gleiche Konsistenz wie der Teig hat, denn dann lässt sie sich besser ausrollen. Wenn die Hände zu warm sind, die Butter besser mit einem Teigroller flach ausrollen. Zu einem 25 × 25 cm großen Quadrat ausrollen und dieses dann in einem 45-Grad-Winkel auf dem Teigquadrat ausrichten.

Die Teigecken über die Butter schlagen, sodass diese vollständig bedeckt ist. Mit etwas Mehl bestauben und dann das Paket zu einem 30 × 50 cm großen Rechteck ausrollen. Nun von einer kurzen Seite her ein Drittel des Rechtecks zur Mitte einschlagen, dann von der anderen kurzen Seite ein Drittel darüberschlagen. Dieses Päckchen aus drei Lagen sollte eine Größe von 30 × 15 cm haben.

Nur ganz vorsichtig über den Teig rollen, damit die Butter im Paket bleibt. Den Teig auf einem Backblech 15 Minuten in den Kühlschrank stellen – der Teig sollte

Fortsetzung von Seite 121

gekühlt stehen, damit er nicht aufgeht und die Butter kalt bleibt. Aus dem Kühlschrank nehmen und den Vorgang wiederholen: Das Rechteck ausrollen und wieder übereinanderfalten – es sind nun neun Lagen entstanden. Den Teig nochmals 15 Minuten kühl stellen.

Den Vorgang ein letztes Mal wiederholen: Den Teig ausrollen und mit einem dreifach gefalteten Rechteck mit 27 Lagen enden. Nach erneutem Kühlen kann der Teig nun in jede beliebige Form gebracht und gebacken werden.

Wenn bei der Zubereitung des dänischen Plundergebäcks die Hände zwischendurch zu warm werden, die Hände mit kaltem Wasser kühlen, denn durch zu viel Wärme gelingt das Gebäck nicht.

Zwei Backbleche mit Backpapier auslegen. Den Teig vorsichtig ausrollen und darauf achten, dass die Butterfüllung nicht reißt. Zu einem 35 cm breiten und 40–45 cm langen Stück ausrollen (die Lage ist sehr dünn). In der Mitte längs durchschneiden, sodass zwei Rechtecke entstehen.

Für die Mandelpaste das Marzipan in eine Schüssel reiben. Die weiche Butter und den Zucker hinzufügen. Alle Zutaten zu einer geschmeidigen Paste vermischen, die direkt verarbeitet werden kann.

Die Mitte jedes Teigstücks mit der Mandelpaste bestreichen, dabei die Ränder aussparen und mit den Rosinen bestreuen. Jede Seite des Teigs vorsichtig zur Mitte hin einklappen, sodass die Rosinen und die Mandelpaste bedeckt sind, aber sich der Teig nicht überlappt. Flach zusammendrücken, sodass ein Stab entsteht. Mindestens weitere 30 Minuten gehen lassen, dann mit Eigelb bestreichen und mit den Mandelblättern und dem Hagelzucker bestreuen, falls verwendet.

Den Backofen auf 200 °C (Gas Stufe 6) vorheizen.

Die *kringler* im vorgeheizten Backofen 20–30 Minuten backen. Es wird eventuell etwas Butter auslaufen – das ist normal und es empfiehlt sich, noch ein weiteres Backblech unten in den Backofen zu schieben, um die schmelzende Butter aufzufangen. Die *kringler* beim Backen im Auge behalten, und wenn die Oberseite des Plundergebäcks zu dunkel wird, diese mit Aluminiumfolie abdecken.

Variation

Wenn du nicht zwei *kringler* backen möchtest, kannst du einen backen und die andere Teighälfte tiefkühlen. Oder alternativ aus der zweiten Teighälfte dänisches Plundergebäck backen. Das ist in etwa 10 Minuten fertig gebacken.

hurtigt rugbrød

SCHNELLES DÄNISCHES ROGGENBROT

Dies ist ein schnelles Roggenbrot ohne Sauerteig-Starter – und wenn ich »schnell« sage, dann meine ich schneller als die fünf Tage, die man für ein traditionelles dänisches Roggenbrot braucht. Es ist mein »oh nein, ich habe schon wieder den Sauerteig getötet-Rezept«. Es kann passieren …

50 g Roggenschrot
25 g frische Hefe
300 ml Buttermilch
2 EL Gerstenmalzsirup
500 g dunkles Roggenmehl
100 g backstarkes Weizenmehl Type 550
1 TL Salz
50 g Leinsamen
50 g Sonnenblumenkerne

ERGIBT 1 GROSSES BROT ODER ZWEI KLEINE BROTE

Den Roggenschrot in einem Topf mit Wasser bedecken und aufkochen lassen. Dann die Hitze reduzieren und 3–4 Minuten köcheln lassen. Abtropfen lassen und beiseitestellen.

In der Rührschüssel der Küchenmaschine die Hefe in 150 ml lauwarmem Wasser auflösen. Die Buttermilch und den Gerstenmalzsirup hinzufügen. Nach und nach die beiden Mehle, das Salz, die Samen, die Kerne und die abgetropften Roggenkörner hinzufügen. Die Zutaten mindestens 5 Minuten kneten. Wenn sich der Teig zu trocken anfühlt, noch etwas Wasser hinzufügen – oder etwas mehr Mehl, wenn der Teig zu feucht ist. Den Teig abdecken und mindestens 40 Minuten an einem warmen Ort gehen lassen. An einem kühlen Ort kann er auch etwas länger gehen.

Den Teig noch einmal gut durchkneten und zu einem großen Brotlaib oder zu zwei kleinen Laiben formen und in mit Backpapier ausgelegte Brotbackformen legen. Abdecken und nochmals mindestens 30 Minuten gehen lassen.

Den Backofen auf 180 °C (Gas Stufe 4) vorheizen.

Die Oberseite der Brotlaibe mit Wasser bestreichen und mit einer Gabel rundherum einstechen, damit die Oberseite beim Backen nicht aufreißt und ungleichmäßig aufgeht. Im vorgeheizten Backofen den größeren Laib 75 Minuten und die kleineren Laibe 40–45 Minuten backen – das Brot ist ausreichend gebacken, wenn die Kerntemperatur 98 °C erreicht hat. Aus dem Backofen nehmen und mit einem feuchten Küchentuch abdecken, damit sich keine harte Kruste bildet. Vor dem Anschneiden vollständig abkühlen lassen.

julekake

NORWEGISCHES WEIHNACHTSBROT

Jeder Haushalt in Norwegen hat sein eigenes Rezept für einen *julekake*. Wörtlich übersetzt bedeutet das Wort »Weihnachtskuchen«, aber da der Teig Hefe enthält, ähnelt er eher einem Brot (die meisten Norweger nennen ihn tatsächlich *julebrød*, also »Weihnachtsbrot«). In der gesamten Weihnachtszeit wird der *julekake* warm oder getoastet gegessen, mit ganz viel Butter oder *brunost* (Norwegens süßem braunem Molkenkäse).

FÜR DEN HEFETEIG:

25 g frische Hefe

250 ml Vollmilch, auf 36–37 °C erwärmt (auf keinen Fall wärmer)

50 g extrafeiner Zucker

100 ml Dickmilch (oder ein anderes gesäuertes Milchprodukt)

50 g weiche Butter

1 TL Salz

400–500 g backstarkes Weizenmehl Type 550

1 TL gemahlener Kardamom

1 Ei, verquirlt

Öl zum Bestreichen

Hagelzucker zum Bestreuen (nach Belieben)

FÜR DIE FÜLLUNG:

50 g Rosinen

Saft von 1 Orange

50–75 g Orangeat oder Zitronat (nach Belieben)

ERGIBT 1 BROT

Einige Stunden vor der Zubereitung die Rosinen für die Füllung im Orangensaft einweichen.

Für den Hefeteig in der Schüssel der Küchenmaschine die Hefe und die warme Milch verrühren, damit sich die Hefe auflöst. Den Zucker einrühren, damit er sich ebenfalls ein wenig auflöst. Dann die Dickmilch und die weiche Butter hinzufügen. Das Salz zur Hälfte des Mehls geben und diese Mischung zusammen mit dem gemahlenen Kardamom zur Hefe-Zucker-Milch geben. Alles zu einem glatt Teig verarbeiten.

Das verquirlte Ei hinzufügen, dabei ein wenig zum Bestreichen aufbewahren. Bei Bedarf noch einige Esslöffel Mehl untermischen. Der geknetete Teig sollte glatt und leicht klebrig sein. Überschüssige Flüssigkeit aus den Rosinen drücken und die Rosinen zum Teig geben. Je nachdem, wie fruchtig das Brot werden soll, die Orangeat-Zitronat-Mischung unterheben.

Den Teig leicht mit Öl bestreichen und mit Frischhaltefolie abdecken. Gehen lassen, bis sich sein Volumen verdoppelt hat (das dauert ungefähr 1 Stunde, je nachdem, wie warm die Küche ist).

Auf einer mit Mehl bestaubten Arbeitsfläche den Teig kräftig kneten, um die Luft herauszudrücken. Zu einem runden Brotlaib formen und auf ein mit Backpapier ausgelegtes Backblech legen (eine Brotbackform ist nicht unbedingt erforderlich). Das Brot noch 20–25 Minuten gehen lassen und dann mit dem restlichen Ei bestreichen.

Den Backofen auf 170 °C (Gas Stufe 3 ½) vorheizen.

Das Brot anschließend im vorgeheizten Backofen 40 Minuten backen. Wenn der Laib beim Backen beginnt, dunkel zu werden, mit Aluminiumfolie abdecken. Das fertig gebackene Brot aus dem Backofen nehmen und nach Belieben mit Hagelzucker bestreuen. Dann mit einem feuchten Küchentuch abdecken, damit sich beim Abkühlen keine Kruste bildet.

grovboller med frø

KÖRNERBRÖTCHEN

Gut fürs *smörgåsbord*, gut fürs Verpflegungspaket beim Wandern und gut am Morgen mit einer Tasse Kaffee. Die Samen und Kerne kannst du variieren, je nach Geschmack und Vorrat.

100 g Kürbiskerne
100 Sonnenblumenkerne
50 g Leinsamen
100 g Roggenkörner, klein gehackt
25 g frische Hefe
2 EL Gerstenmalzsirup (oder Zucker)
250 ml Buttermilch (oder ein anderes gesäuertes Milchprodukt)
4 EL neutrales Pflanzenöl
200 g Roggenvollkornmehl
500 g backstarkes Weizenmehl Type 550
2 TL Salz
1 Ei, verquirlt, zum Bestreichen

ERGIBT 18 STÜCK

Die Hälfte der Kürbiskerne und Sonnenblumenkerne zum Bestreuen beiseitestellen.

Die restlichen Kürbiskerne und Sonnenblumenkerne sowie die Leinsamen und die gehackten Roggenkörner in einem Topf mit Wasser bedecken. Zum Kochen bringen und dann 3–4 Minuten köcheln lassen. Abtropfen lassen und zum Abkühlen beiseitestellen.

In der Rührschüssel der Küchenmaschine die Hefe in 115 ml lauwarmem Wasser (nicht wärmer als 37 °C) unter Rühren in einigen Minuten auflösen. Dann den Sirup und die Buttermilch hinzufügen (falls du keinen Gerstenmalzsirup finden kannst, dann nimm dunklen Maissirup oder Zucker). Das Öl unterarbeiten. Weiterrühren und nach und nach das Mehl mit dem Salz hinzufügen. Eventuell wird nicht die gesamte Mehlmenge oder sogar etwas Mehl zusätzlich benötigt. Noch 5 Minuten kneten, bis der Teig schön elastisch ist. Die Schüssel abdecken und den Teig mindestens 1 Stunde an einem warmen Ort gehen lassen. An einem kühlen Ort kann er auch länger gehen.

Den Teig anschließend mit der Hand noch einmal durchkneten und zu einem 20 × 45 cm großen Rechteck ausrollen. Mit etwas verquirltem Ei bestreichen und mit den beiseitegestellten Kernen bestreuen, In 18 Stücke schneiden und die Stücke auf ein Backblech setzen. Nochmals 30 Minuten gehen lassen.

Den Backofen auf 180 °C (Gas Stufe 4) vorheizen.

Die Brötchen im vorgeheizten Backofen 14–15 Minuten backen. Aus dem Backofen nehmen und vor dem Servieren kurz abkühlen lassen.

julebolle

WEIHNACHTSBRÖTCHEN

An kalten Wintertagen liebe ich ein gutes süßes Frühstück. Diese Brötchen sind eine Variation eines Rezepts meiner Großmutter, die für meine Schwestern und mich die Brötchen an unseren Geburtstagen backte. Sie sind ziemlich süß und schmecken am besten frisch aus dem Ofen mit ganz viel Butter und einer Tasse heißer Schokolade oder starkem Tee. Zur Weihnachtszeit gebe ich noch Rosinen oder Schokoladenstücke hinzu und würze die Brötchen mit gemahlenem Kardamom.

100 g Crème double plus 1 EL Crème double
300 ml Vollmilch
50 g frische Hefe
80 g extrafeiner Zucker
1 TL gemahlener Kardamom
1 TL Salz
ca. 800 g backstarkes Weizenmehl Type 550
1 Ei
100 g griechischer Joghurt (10 % Fettgehalt, oder ein anderes gesäuertes Milchprodukt)
150 g weiche Butter
100 g Rosinen oder 100 g Schokostückchen (nach Belieben)
1 Ei, verquirlt, zum Bestreichen
Hagelzucker zum Garnieren (nach Belieben)

ERGIBT 24 STÜCK (EVENTUELL DAS REZEPT HALBIEREN ODER DIE GEBACKENEN BRÖTCHEN NACH DEM ABKÜHLEN TIEFKÜHLEN UND BEI BEDARF AUFTAUEN)

Zum Rühren mit dem Knethaken der Küchenmaschine arbeiten.

Die Crème double und die Milch lauwarm (26–27 °C) erwärmen und die zerbröselte Hefe einrühren. Unter Rühren auflösen und in die Rührschüssel gießen. Den Zucker und den gemahlenen Kardamom ebenfalls einrühren. Das Salz mit dem Mehl mischen und löffelweise hinzufügen, bis etwas die Hälfte des Mehls verarbeitet ist. Dann das Ei, den Joghurt und die weiche Butter unter ständigem Rühren hinzufügen. Nach und nach das restliche Mehl unterrühren – eventuell wird nicht die gesamte Menge benötigt.

Weitermixen, bis der Teig noch etwas klebrig ist und sich langsam vom Rand der Rührschüssel löst. Das dauert 5–7 Minuten. Der Teig kann zum Gehen beiseitegestellt werden, wenn er sich vom Rand der Rührschüssel vollständig gelöst hat. Falls verwendet, die Rosinen und die Schokostückchen unterheben.

Die Rührschüssel mit Frischhaltefolie abdecken und den Teig an einem warmen Ort 35–40 Minuten gehen lassen, bis sich sein Volumen verdoppelt hat.

Den Teig auf einer leicht mit Mehl bestaubten Arbeitsfläche mit den Händen gut durchkneten und bei Bedarf noch etwas Mehl einarbeiten. Den Teig in 24 gleich große Stücke teilen und zu schönen Bällchen formen. Auf ein mit Backpapier ausgelegtes Backblech legen, nochmals abdecken und weitere 20 Minuten gehen lassen.

Den Backofen auf 200 °C (Gas Stufe 6) vorheizen.

Jedes Brötchen mit Ei bestreichen und, falls verwendet, mit Hagelzucker bestreuen. Im vorgeheizten Backofen 10–12 Minuten backen. Dann sollten die Brötchen goldgelb gebacken sein (die Backzeit kann je nach Backofen variieren).

Die Brötchen aus dem Backofen nehmen und 5 Minuten mit einem feuchten Küchentuch abdecken, wenn sie keine harte Kruste bekommen sollen. Zum Servieren aufschneiden und dazu Butter oder einen skandinavischen Käse reichen.

KUCHEN UND DESSERTS

Hier nun eine Auswahl an Wohlfühl-Backwaren und Speisen für kältere Tage, wenn nur noch etwas Süßes hilft. Ein köstliches Dessert als Abschluss einer Mahlzeit oder eine ausgefallene Kranztorte zum Start ins neue Jahr oder leckeres Gebäck, wenn in der Weihnachtszeit unverhofft Besuch kommt.

crème brûlée med havtorn

CRÈME BRÛLÉE MIT SANDDORNBEEREN

Bei uns in der Familie wird Silvester traditionell eine Crème brûlée zubereitet. Mit säuerlichen Beeren wie Sandbornbeeren wird daraus ein sämiges Dessert. Sanddorn wächst überall in Skandinavien sowie in einigen sandigen Gebieten in England und Schottland. Die orangefarbenen Beeren sind roh sehr säuerlich, aber wirklich großartig, wenn sie gekocht werden (versuch mal Sanddornkonfitüre oder -kompott). Die Beeren möglichst schon am Vortag zubereiten.

450 g Crème double
50 ml Vollmilch
80 ml Sanddornsaft
50 g Kristallzucker
5 Eigelb
1 TL Vanillezucker oder -extrakt (oder 1 Vanilleschote)
brauner Zucker zum Bestreuen
Sanddornbeeren (nach Belieben)

1 Fettpfanne mit hohem Rand
4 große ofenfeste Förmchen (oder 5 kleinere), die in die Fettpfanne passen
Flambierbrenner

ERGIBT 4 GROSSZÜGIGE DESSERTS (ODER 5 KLEINERE)

Den Backofen auf 130 °C vorheizen (Gas Stufe 1). Im Wasserkocher Wasser aufkochen.

In einem Topf die Crème double, die Milch und den Sanddornsaft erhitzen.

In einer Schüssel den Zucker, das Eigelb und die Vanille (wird eine Vanilleschote verwendet, diese aufgeschlitzt und zusammen mit dem ausgekratzten Mark in den Topf geben) zu einer blassen Creme verquirlen.

Die Milchmischung im Topf fast zum Kochen bringen (dabei nicht aufschlagen, sondern nur umrühren) und dann den Topf vom Herd nehmen. Unter Rühren einen kleinen Schöpflöffel heiße Milchmischung zur Eimischung geben. Darauf achten, dass sich alles gut verbindet. Diesen Vorgang noch einige Male mit jeweils 1 weiteren Schöpflöffel der heißen Milchmischung wiederholen. So wird das Ei nicht zu stark erhitzt.

Die Eimischung in den Topf mit der restlichen Milchcreme rühren und vorsichtig mit einem Kochlöffel unterrühren. Es sollten sich dabei möglichst wenige Luftbläschen bilden, denn diese setzen sich später an der Oberseite der Crème brûlée ab und würden die glatte Oberfläche stören. Die Creme in die Förmchen füllen und diese in die Fettpfanne setzen. Vorsichtig das heiße Wasser in die Fettpfanne gießen, sodass die Förmchen mindestens 1,5 cm tief im Waser stehen. Darauf achten, dass die Cremeoberfläche nicht bespritzt wird. Die Fettpfanne mit Aluminiumfolie abdecken und einige Luftlöcher hineinbohren.

Im vorgeheizten Backofen garen, bis die Creme fest wird – das dauert je nach Förmchen 25–30 Minuten. Mit einem Kochthermometer die Temperatur kontrollieren – die Creme sollte eine Kerntemperatur von 77–79 °C haben.

Die Fettpfanne vorsichtig aus dem Backofen nehmen, die Förmchen herausheben und 20 Minuten abkühlen lassen. Die abgekühlte Creme über Nacht im Kühlschrank kühl stellen.

Vor dem Servieren die Oberseite der Cremes gleichmäßig mit braunem Zucker bestreuen und anschließend mit dem Flambierbrenner die Oberseiten bräunen, bis der Zucker schmilzt und eine karamellisierte Kruste bildet. Werden Sanddornbeeren verwendet, diese mit Zucker zu Kompott kochen und die Creme damit garnieren.

marengskrans

BAISERKRANZ

Einmal hatte ich Weihnachten Gäste, die keinen Milchreis (siehe Seite 152) mochten, und so habe ich stattdessen diesen Kranz gebacken. Auch hier wird die dänische Kirschsauce verwendet, die ich immer für den Milchreis zubereite. Er ist zwar nicht traditionell skandinavisch, aber so exquisit und wunderschön, dass ich den Kranz hier unbedingt als exzellente Alternative zum Milchreis mit aufnehmen möchte, zumal er dieselben Aromen hat. Den Kranz erst kurz vor dem Servieren füllen, damit das Baiser nicht durchweicht.

FÜR DAS BAISER:

4 Eiweiß
125 g Puderzucker
1 TL Weißweinessig
1 TL Vanillezucker oder -extrakt
1 ½ TL Speisestärke

FÜR DIE FÜLLUNG:

200 ml flüssige Sahne
150 ml Konditorcreme (siehe Seite 136)
50 ml Pistazienlikör (ich verwende Serravinci Pistacchino)
1 Rezept Kirschsauce (siehe Seite 152, oder eine fertige Kirschsauce oder Fruchtfüllung verwenden. Noch 1 Spitzer Zitronensaft hinzufügen; das nimmt der Sauce die Süße. Und etwas Wasser unterrühren, falls sie noch zu dicklich ist.)
50 g Pistazienkerne, geröstet und klein gehackt

ERGIBT 6–8 PORTIONEN

Den Backofen auf 200 °C (Gas Stufe 6) vorheizen.

Für das Baiser in einer sehr sauberen Schüssel das Eiweiß zu weichen Spitzen schlagen. Den Puderzucker unter ständigem Rühren löffelweise unterheben – dabei das Schlagen nicht unterbrechen! Etwa 5 Minuten weiterschlagen, bis sich steife Spitzen bilden. Essig und Vanille hinzufügen. Die Speisestärke unterheben.

Auf Backpapier mit dem Bleistift einen 20 cm großen Kreis aufzeichnen und darin einen 10 cm großen Kreis zeichnen. Das Backpapier auf ein Backblech legen.

Das Baiser in einen Spritzbeutel füllen und in die Spitze eine große Öffnung schneiden – zügig und vorsichtig arbeiten. Die Eiweißmasse auf das Backpapier spritzen und dabei die Bleistiftkreise als grobe Richtlinie nutzen. Der Kreis muss nicht hundertprozentig rund sein, sollte aber gleichmäßig aufgespritzt werden. In der Mitte des Baiserrings eine 2 cm breite und 1 cm tiefe Furche ziehen. So läuft die Füllung später nicht aus.

Die Temperatur des Backofens auf 120 °C (Gas Stufe ½) reduzieren. Das Baiser auf der unteren Schiene im vorgeheizten Backofen 1 Stunde oder etwas länger backen, bis es blass und trocken und in der Mitte noch etwas klebrig ist (für die Garprobe vorsichtig ein Holzstäbchen hineinstecken). Den Backofen ausstellen und das Baiser bei leicht geöffneter Tür noch einige Stunden, oder wenn möglich über Nacht, im Backofen lassen.

Für die Füllung die Sahne steif schlagen und zuerst die Konditorcreme und dann den Pistazienlikör unterheben. Die Crème in einen Spritzbeutel füllen und in die Furche auf der Oberseite spritzen.

Mit Kirschsauce nach Belieben beträufeln – die restliche Sauce in einer Schüssel dazu reichen. Mit den gerösteten Pistazien bestreuen und sofort servieren.

medaljer

INGWER-MEDAILLEN

In Dänemark ist dieses Gebäck, auch als *medaljer* bekannt, was so viel bedeutet wie »Medaillen« und sich auf seine Form bezieht, zum Nachmittagskaffee sehr beliebt. Das Gebäck besteht meist aus einem süßen Mürbeteig, aber ich habe den Boden einmal aus Resten von Ingwerkeksteig zubereitet, und die Kekse waren zu Hause der absolute Hit!

½ Rezept Schwedischer Ingwerkeksteig (siehe Seite 53)
Mehl Type 405 zum Bestauben
150 g Puderzucker plus 1 EL Puderzucker für die Sahne
½ Rezept Konditorcreme (siehe unten) – oder eine fertige Creme
200 g flüssige Sahne
½ TL Vanillezucker oder Vanilleextrakt
rote Beeren (z. B. Himbeeren oder Rote Johannisbeeren) zum Dekorieren

FÜR DIE KONDITORCREME:
1 Eigelb
50 g extrafeiner Zucker
1 EL Speisestärke
250 ml Vollmilch
Mark von ½ Vanillestange
15 g Butter
1 Prise Salz

1 runder Keksausstecher (6–7 cm ø)

ERGIBT 6 STÜCKE

Den Backofen auf 200 °C (Gas Stufe 6) vorheizen.

Den Teig auf einer mit Mehl bestaubten Arbeitsfläche 2–3 cm dick ausrollen. Dann mit dem Keksausstecher 16 Kreise ausstechen (du benötigst nur 12, aber wenn einige ungleichmäßig backen, hast du einige Kreise extra). Die Kreise auf ein mit Backpapier ausgelegtes Backblech legen und im vorgeheizten Backofen 6–7 Minuten backen – die Backzeit kann variieren, deshalb die Kekse im Auge behalten. Abkühlen und etwas knusprig werden lassen.

Den Puderzucker mit einigen Tropfen heißem Wasser zu einem dickflüssigen und glatten Guss verrühren – dieser sollte sich noch aufspritzen lassen. Ist er zu dünnflüssig, verläuft er. Ist er zu dickflüssig, lässt er sich nicht mehr aufspritzen. Auf sechs Kekse mit einem Spritzbeutel den Guss in einem gleichmäßigen Kreis aufspritzen und trocknen lassen.

Die Sahne mit dem Vanillezucker und 1 EL Puderzucker steif schlagen und in einen Spritzbeutel mit Sterntülle füllen. Die restlichen sechs Kekse auf einen Servierteller legen und jeweils 1 EL Konditorcreme (siehe unten) auf die Mitte der Kekse setzen. Dann einen sauberen 2 ½ cm hohen Sahnering herumspritzen. Die Kekse mit der Gussseite nach oben aufsetzen. Noch einen Sahnetupfen aufspritzen und die Kekse mit den Beeren dekorieren.

Konditorcreme

Die Zutaten reichen für etwa 300 g Konditorcreme, sodass etwas übrigbleibt. (Den Rest kannst du innerhalb von 2–3 Tagen etwa für den Baiserkranz auf Seite 135 verwenden.) Wenn du dieses Rezept zum Füllen einer Schichttorte benötigst, dann die Menge verdoppeln, aber 1 Eigelb und 1 ganzes Ei verwenden.

In einer Schüssel das Eigelb mit dem Zucker und der Speisestärke schaumig rühren.

In einem Topf die Milch mit dem Vanillemark aufkochen lassen. Den Topf vom Herd nehmen und ein Drittel der Milch unter ständigem Rühren in die Ei-Zucker-Mischung gießen. Diese in den Topf füllen und unter ständigem Rühren aufkochen lassen. Die Masse in 1 Minute zu einer dicken Creme verarbeiten, dabei darauf achten, dass sie nicht anbrennt. Vom Herd nehmen und die Butter und das Salz unterrühren.

Die Creme in eine Schüssel füllen und abkühlen lassen (Backpapier auf die Oberfläche legen, damit sich keine Haut bildet).

chokladrulltårta

SCHOKOLADENROLLE

Manchmal sind die einfachsten Dinge die allerbesten. Ich bereite diese Rolle oft mit den Kindern zu und verwende als Füllung all das, was ich gerade im Vorratsschrank habe. Manchmal fülle ich die Rolle mit Früchten und Beeren, manchmal mit Schokolade. Wenn wir sie zu Weihnachten zubereiten, dann formen wir immer eine lange Rolle und sparen nicht an der Schokoladendekoration.

Du kannst den Kakao durch die gleiche Menge Weizenmehl Type 405 ersetzen und eine Vanillerolle zubereiten – das Rezept ist vielseitig verwendbar.

4 Eier
110 g extrafeiner Zucker
90 g Weizenmehl Type 405
30 g Kakaopulver plus Kakaopulver zum Bestauben
½ TL Backpulver
1 Prise Salz
1 TL Vanillezucker oder -extrakt
25 g Butter, zerlassen und abgekühlt
50 g dunkle Schokolade (60 % Kakaogehalt) für die Garnitur

FÜR DIE FÜLLUNG:
300 g flüssige Sahne
Weinbrand oder Walnusslikör (nach Belieben)
75 g Walnusskerne, klein gehackt und geröstet

1 Backform für die Biskuitrolle, ca. 30 × 20 cm

ERGIBT 6–7 PORTIONEN

Den Backofen auf 175 °C (Gas Stufe 3) vorheizen. Die Backform für die Biskuitrolle mit Backpapier auslegen und mit Antihaftspray aussprühen.

In der Rührschüssel der Küchenmaschine die Eier mit dem Zucker (bis auf einen Esslöffel) auf höchster Stufe schaumig rühren, bis die Masse schön cremig ist – ein durch den Teig gezogener Löffel sollte eine deutliche Spur hinterlassen.

In einer zweiten Schüssel das Mehl, das Kakaopulver, das Backpulver, das Salz und die Vanille vermischen, in die Eimischung sieben und vorsichtig unterheben. Die Butter hinzugießen, dabei die luftige Teigstruktur möglichst nicht zerstören.

Den Teig in die vorbereitete Backform füllen und im vorgeheizten Backofen backen – die Backzeit variiert von Ofen zu Ofen, liegt aber bei ungefähr 10–12 Minuten. Das Biskuit ist fertig gebacken, wenn es bei Druck leicht zurückspringt.

Das Biskuit aus dem Backofen nehmen und einige Minuten abkühlen lassen. Die Backform mit einem sauberen Küchentuch abdecken, dann die Teigplatte zügig auf ein mit einem Esslöffel Zucker bestreutes Küchentuch stürzen. Das Backpapier vorsichtig abziehen. Das Biskuit mit dem Küchentuch vorsichtig aufrollen, solange es noch warm ist – so bekommt die Rolle später beim Füllen keine Risse. Abkühlen lassen.

In der Zwischenzeit die Sahne steif schlagen. Die gut abgekühlte Rolle vorsichtig auseinanderrollen und, falls verwendet, mit dem Weinbrand oder dem Walnusslikör bestreichen. Die Schlagsahne dünn darauf verstreichen und mit den Walnüssen bestreuen. Die Rolle mit der Sahne wieder aufrollen und mit der »Naht« nach unten auf ein Kuchenplatte heben.

Die gesamte Rolle mit Kakaopulver bestauben. Die Schokolade über dem Wasserbad oder in der Mikrowelle schmelzen lassen. In einen Spritzbeutel füllen, diesen an der Spitze abschneiden und dann die Schokolade auf die gesamte Rolle spritzen. Sofort servieren.

julecrumble

WEIHNACHTS-CRUMBLE

Ich liebe Crumbles. Sie sind leicht zuzubereiten und schmecken am nächsten Tag meist noch besser, falls es dann noch Reste gibt. Ein Apfel-Crumble ist ein britischer Klassiker, aber ich habe ihn mit einigen dänischen Elementen abgewandelt. Das Marzipan gibt ihm eine dekadente Note, aber schließlich ist es Weihnachten.

6–7 säuerliche Äpfel (z. B. Bramley oder Granny Smith)
1 TL Vanillepaste von guter Qualität (oder Mark von 1 Vanilleschote)
100 g tiefgekühlte Preiselbeeren

FÜR DIE STREUSEL:
100 g hellbrauner Zucker
100 g Butter
100 g gemahlene Mandeln
100 g Weizenmehl Type 405
1 TL gemahlener Zimt
1 Prise gemahlener Kardamom
1 Prise Salz
50 g Marzipan (mind. 50/50-Qualität), gerieben
Mandelblättchen zum Garnieren

ERGIBT 4–5 PORTIONEN

Den Backofen auf 175 °C (Gas Stufe 4) vorheizen.

Die Äpfel schälen, vom Kerngehäuse befreien und in mundgerechte Stücke schneiden. In einem Topf die Äpfel mit der Vanille und 1 Spritzer Wasser bei mittlerer Hitze köcheln lassen, bis sie gerade weich sind.

Für die Streusel den Zucker, die Butter, die gemahlenen Mandeln, das Mehl, die Gewürze und das Salz in der Küchenmaschine (oder mit der Hand) verkneten. Die Streusel sollten leicht bröselig sein, aber noch leicht zusammenklumpen.

Die Äpfel in einer Auflaufform verteilen und zuerst die Preiselbeeren und dann die Streusel darauf verteilen. Mit dem geriebenen Marzipan und den Mandelblättchen bestreuen und im vorgeheizten Backofen 25–30 Minuten backen, bis die Streusel schön knusprig sind. Die Füllung sollte dann ausreichend gegart sein.

Mit Vanilleeis oder Vanillepudding servieren.

saffranstårta

SAFRAN-SCHICHTTORTE

Safran zählt in Skandinavien, vor allem in Schweden, zu den besonders festlichen Gewürzen, sodass ich manchmal Safran in einer Torte verarbeite – diese Torte erinnert mich an unser Weihnachten zu Hause, ist aber ausgefallener als ein Safranbrötchen. Wenn du kein Safranpulver bekommen kannst, dann lass es in der Füllung weg, und verteile einfach etwas Apfel- oder Birnenmus zwischen den Tortenböden – das gibt der Torte zusätzlich Geschmack.

50 g Butter
100 ml Vollmilch
1 Msp. Safranpulver
4 Eier
325 g extrafeiner Zucker
300 g Weizenmehl Type 405
2 TL Backpulver
1 TL Vanillezucker oder Vanilleextrakt
½ TL Salz
50 g griechischer Joghurt (10 % Fettgehalt, oder ein anderer dicklicher Joghurt)
rote Johannisbeeren zum Dekorieren (nach Belieben)

FÜR DIE MARZIPAN-BUTTERCREME:
75 g Marzipan (mit mind. 5 % Mandeln), gerieben
300 g Puderzucker plus 2 EL Puderzucker
150 g weiche Butter
einige EL Vollmilch (nach Bedarf)
frischgepresster Zitronensaft (nach Belieben)

3 runde Backformen von 18 cm ø

ERGIBT 6–8 PORTIONEN

Den Backofen auf 175 °C (Gas Stufe 4) vorheizen. Die drei Backformen einfetten und mit Backpapier auslegen. Bei größeren Backformen werden die Böden breiter und flacher.

Die Butter in einem Topf zerlassen. Die Milch und den Safran hinzufügen und die Mischung beiseitestellen, damit sie durchziehen kann.

Die Eier mit dem Zucker zu einer dicken, schaumigen Masse verrühren. Die trockenen Zutaten mischen, in die Zuckermischung sieben und vorsichtig unterheben. Den Joghurt und die Safranmilch hinzugeben und nochmals alles unterheben.

Den Teig in die vorbereiteten Backformen füllen und im vorgeheizten Backofen 12–14 Minuten backen oder bis an einem hineingesteckten Holzstab in der Mitte des Biskuitbodens kein Teig mehr haften bleibt. Der Safran macht den Boden schnell trocken, deshalb die Böden nicht zu lange backen. Da jeder Backofen anders backt, die Biskuitböden im Auge behalten.

Die Biskuitböden abkühlen lassen. Für die Buttercreme in der Zwischenzeit einige Esslöffel heißes Wasser zum Marzipan geben und mit einer Gabel verrühren, damit das Marzipan leicht schmilzt (das vermeidet Marzipanklümpchen in der Buttercreme). In einer Rührschüssel mit dem elektrischen Handrührgerät den Zucker und die Butter auf höchster Stufe verquirlen und das Marzipan hinzufügen. Bei Bedarf noch etwas Milch hinzugießen. Alles zu einer schaumigen und luftigen Masse verrühren. Wenn die Masse zu süß ist, noch einige Tropfen Zitronensaft oder Ähnliches hineinträufeln.

Die Böden aus den Backformen nehmen und das Backpapier abziehen. Den ersten Boden auf eine Tortenplatte legen und mit einer Schicht Buttercreme bestreichen. Mit dem zweiten und dritten Boden genauso verfahren. Die Torte muss nicht verziert werden. Die Oberseite und/oder die Seiten können mit den Resten der Buttercreme dekoriert werden, so wie auf der Abbildung zu sehen. Ich garniere die Torte gern mit kurz angefrorenen roten Johannisbeeren – sie sorgen für eine weihnachtlich verschneite Note.

multekrem

MOLTEBEERENCREME

Diese Creme durfte in diesem Buch auf keinen Fall fehlen, denn sie gehört zu Weihnachten in Norwegen unbedingt dazu. Sie ist ein echter Klassiker, aber leicht zuzubereiten. Moltebeeren wachsen wild am Polarkreis und haben nur einige Wochen im Juli und August Saison. Sie sind schwierig anzubauen und schwierig zu pflücken (die dicken orangefarbenen Beeren neigen dazu, in der Hand aufzuplatzen). Deshalb sind sie auch so begehrt und teuer (es sei denn, du kennst jemanden, der weiß, wo sie wachsen). In den USA und in Kanada werden Moltebeeren häufig auch als »Backäpfel« (*Rubus chamaemorus*) bezeichnet.

In Norwegen wird zur *multekrem* manchmal *krumkaker* serviert. Diese dünnen, knusprigen Waffelröllchen sind aber anderswo kaum zu bekommen. Die Moltebeerencreme passt gut zu Crêpes. Wenn du dazu eine passende Garnitur brauchst, dann sind die Moltebeeren einfach wunderbar.

2 EL brauner oder extrafeiner Zucker
250 g Moltebeeren (tiefgekühlte Moltebeeren sind gut, können aber durch Moltebeerenkonfitüre ersetzt werden, wenn diese einfacher zu bekommen ist)
300 g flüssige Sahne
1 TL Vanillezucker oder Vanilleextrakt

ERGIBT 4 PORTIONEN

Den Zucker über die Beeren streuen und einziehen lassen (abtropfenden Saft auffangen).

Die Sahne mit der Vanille steif schlagen. Einige Moltebeeren zum Garnieren aufbewahren und die restlichen Beeren unter die Sahne heben. Dann in einzelne Dessertgläser füllen.

Die Creme mit dem aufgefangenen Saft kurz vor dem Servieren beträufeln und mit den restlichen Beeren garnieren.

honningkage

HONIG-SCHICHTTORTE

Dies ist eine meiner absoluten Lieblingstorten! Der Bäcker bei uns im Ort verkaufte sie im Winter und ich gönnte mir manchmal auf dem Nachhauseweg von der Schule ein Stück. Backe die Böden in drei runden Backformen – ich habe Formen mit 18 cm Durchmesser verwendet, doch wenn du etwas größere nimmst, dann wird die Torte einfach flacher und breiter (dabei die Backzeit im Auge behalten).

125 g flüssiger Honig
80 g Rüben- oder Maissirup
50 g extrafeiner Zucker
2 Eier plus 2 Eigelb
300 g Weizenmehl Type 405
1 ½ TL Natron
½ TL Backpulver
1 Prise Salz
2 TL gemahlener Zimt
1 TL gemahlener Kardamom
1 TL gemahlener getrockneter Ingwer
1 TL gemahlene Gewürznelken
abgeriebene Schale von 1 unbehandelten Orange
250 ml Buttermilch
150 g Crème double

FÜR DIE BUTTERCREMEFÜLLUNG:
100 g Kristallzucker
125 g weiche Butter
1 Eigelb
1 TL Vanillezucker oder Mark von ½ Vanilleschote

FÜR DEN SCHOKOGUSS:
40 g Butter
100 g dunkle Schokolade (60 % Kakaogehalt)
2 EL Rüben- oder Maissirup
Schokosplitter

ERGIBT 6–8 PORTIONEN

Den Backofen auf 170 °C (Gas Stufe 3 ½) vorheizen. Die drei Backformen mit Backpapier auslegen – siehe Einleitungstext für die Größenangaben.

In einem Topf den Honig, den Sirup und den Zucker mit 115 ml Wasser bei schwacher Hitze erwärmen, bis sich alles aufgelöst hat. Lauwarm abkühlen lassen.

In der Rührschüssel der Küchenmaschine die Eier (2 Eier und 2 Eigelb) verquirlen. Unter ständigem Rühren auf höchster Stufe die lauwarme Sirupmischung langsam unter die Eier mischen.

Das Mehl mit dem Natron, dem Backpulver, dem Salz und den Gewürzen mischen und dann unter die Eimischung heben. Den Orangenabrieb, die Buttermilch und die Crème double ebenfalls hinzufügen.

Nun jeweils ein Drittel der Teigmenge in jede vorbereitete Backform füllen. Im vorgeheizten Backofen 8–10 Minuten backen oder bis die Böden gut aufgegangen und goldbraun sind und bei Druck leicht zurückspringen. An einem hineingesteckten Holzstab in der Mitte des Biskuitbodens sollte kein Teig mehr haften bleiben. Einige Minuten in den Backformen abkühlen lassen und dann auf ein Kuchengitter stürzen und abkühlen lassen.

Für die Buttercremefüllung in einem Topf den Zucker mit 2 EL Wasser unter Rühren vollständig auflösen. Den Zuckersirup leicht abkühlen lassen. Die Butter, das Eigelb und die Vanille auf höchster Stufe schaumig rühren und dann portionsweise den Zuckersirup hinzufügen. Nach jeder Zugabe weiterquirlen, bis die Masse schön luftig und schaumig ist. Wenn sie nicht schaumig wird, die Masse noch einmal für 30 Minuten in den Kühlschrank stellen. Anschließend die leicht gekühlte Creme noch einmal aufschlagen (wenn die Butter zu weich oder der Zucker zu heiß ist, lässt sich die Masse zunächst nicht gut schaumig rühren, doch sie wird schaumig, wenn sie etwas kälter ist).

Zum Zusammensetzen einen Tortenboden auf eine Tortenplatte legen und großzügig mit der Hälfte der luftigen Buttercreme bestreichen. Den zweiten Boden auflegen und mit dem Rest der Creme bestreichen. Zum Schluss den dritten Boden auflegen.

Für den Schokoguss die Butter, die Schokolade und den Sirup in einer Schüssel über dem Wasserbad schmelzen. Leicht abkühlen lassen. Auf der Oberseite der Torte verteilen, mit den Schokosplittern bestreuen und den Guss vor dem Servieren fest werden lassen.

æbletrifli

APFEL-TRIFLE

Diese ist eine aufgepeppte Variante eines sehr traditionellen norwegischen und dänischen Desserts, das als *tilslørte* oder *æblekage* bekannt ist. Dazu werden knusprige Brotbrösel, Apfelkompott und Sahne geschichtet – absolut köstlich, aber ein eher alltäglicher Nachtisch. Ich habe hier eine Schicht aus Kuchen hinzugefügt. Durch die Haselnüsse und Haferflocken behält das Dessert seinen Biss.

FÜR DAS APFELKOMPOTT:
1 kg säuerliche Äpfel (z. B. Bramley oder Granny Smith)
1 Vanilleschote oder Vanilleextrakt
3 EL Kristallzucker

FÜR DIE KUCHENSCHICHT:
115 g Weizenmehl Type 405
½ TL Natron
1 Prise Salz
1 TL gemahlener Zimt
1 TL Lebkuchengewürz
75 g weiche Butter
100 g extrafeiner Zucker
1 Ei

FÜR DEN CRUNCH:
50 g Butter
40 g extrafeiner Zucker
25 g Haferflocken
50 g Panko (asiatisches Paniermehl, erhältlich im Asia-Laden)
50 g Haselnusskerne, gehackt

ZUM SCHICHTEN DES TRIFLES:
150 ml Vanillepudding von guter Qualität
200 g halbfest geschlagene Schlagsahne

ERGIBT 6–8 PORTIONEN

Für das Kompott die Äpfel schälen, vom Kerngehäuse befreien und klein schneiden. In einem Topf die Apfelstücke mit der aufgeschlitzten Vanilleschote und dem ausgekratzten Mark, dem Zucker und 100 ml Wasser zum Kochen bringen. Etwa 20 Minuten leicht köcheln lassen, bis die Äpfel zerkocht sind. Dann abkühlen lassen. Die Vanilleschote herausnehmen. Das Kompott muss säuerlich sein, um ein Gegengewicht zum Kuchen und zur Creme zu bilden. Die Menge reicht für den Kuchenboden und den Trifle.

Für die Kuchenschicht eine 20 × 20 cm große Backform (der Boden muss sehr dünn werden) bereitstellen. Den Backofen auf 170 °C (Gas Stufe 3 ½) vorheizen.

Das Mehl, das Natron, das Salz, den Zimt und das Lebkuchengewürz mischen und beiseitestellen. Die Butter und den Zucker schaumig rühren, dann das Ei hinzufügen und weiterschlagen, bis sich alles gut vermischt hat. Zunächst die trockenen Zutaten und dann 150 g Apfelkompott unterheben. Anschließend die Mischung in die Backform füllen und im vorgeheizten Backofen 10 Minuten backen. An einem hineingesteckten Holzstab sollte kein Teig mehr haften bleiben. Der Kuchenboden ist sehr dünn, deshalb dauert das Backen nicht sehr lange.

Für den Crunch aus Haselnüssen und Haferflocken die Butter in einer Pfanne zerlassen. Dann den Zucker unterrühren und darin schmelzen lassen. Die Haferflocken und das Panko hinzufügen und einige Minuten knusprig rösten. Die Nüsse hinzufügen und ebenfalls einige Minuten rösten – darauf achten, dass die Nüsse nicht zu stark geröstet werden, denn dann schmecken sie bitter. Die gerösteten Zutaten in eine Schüssel füllen und abkühlen lassen. Zwischendurch einmal umrühren, damit sie nicht zusammenkleben.

Zum Zusammensetzen des Trifles eine Schicht des restlichen Apfelkompotts in eine Glasschüssel geben und mit einer Schicht Kuchen bedecken. Dann eine weitere Schicht Apfelkompott, eine gute Schicht Crunch und eine weitere Schicht Apfelkompott einfüllen. Diesen Vorgang wiederholen und etwas Crunch zum Dekorieren aufbewahren. Zum Schluss erst mit einer Schicht Pudding und anschließend mit der Schlagsahne enden. Im Kühlschrank mindestens 1 Stunde kühl stellen. Kurz vor dem Servieren mit dem restlichen Crunch bestreuen.

Grødris

risengrød

MILCHREIS

Zu Weihnachten ist Milchreis (wir nennen ihn übrigens »Reis-Porridge«) überall in Skandinavien eine große Sache. Wir essen warmen, ungesüßten Milchreis mit Zucker, Zimt und einem Stückchen Butter. An Heiligabend servieren wir den kalten Milchreis mit einigen Extras (siehe Seite 152). Skandinavier kochen Milchreis immer im Topf auf dem Herd, niemals im Backofen. Er wird auch niemals gesüßt, denn die Toppings sind schon ausreichend süß. Dieses Rezept ist ausreichend für den Milchreis an Heiligabend und das Milchreisdessert am Weihnachtstag. Wenn du nur eines der Gerichte servieren möchtest, dann reduzierst du das Rezept um die Hälfte.

Es wird behauptet, dass die skandinavischen Weihnachtselfen Milchreis lieben, deshalb stellen wir ihnen immer eine Schüssel hin – als Dank dafür, dass sie das ganze Jahr über auf Haus, Hof und Tiere aufpassen. Wenn du das vergisst, werden sie dir im kommenden Jahr üble Streiche spielen!

400 g Rundkornreis
2 l Vollmilch
1 Vanilleschote
Salz und Zucker (nach Belieben)
Butter und Zucker-Zimt-Mischung zum Servieren

ERGIBT 4 PORTIONEN (MIT RESTEN FÜR DAS DESSERT AUF SEITE 152)

In einem Topf mit dickem Boden den Reis mit 600 ml Waser einige Minuten aufkochen und dann die Milch und die Vanilleschote hinzufügen. Etwa 5 Minuten kochen lassen, dabei ständig rühren, damit der Reis nicht am Boden des Topfes klebt. Die Temperatur reduzieren, einen Deckel auflegen und den Reis bei schwacher Hitze garen, aber nicht zu weich kochen (die Garzeit beträgt 20–25 Minuten – immer wieder kontrollieren). Den Reis im Auge behalten und gelegentlich umrühren, denn er brennt schnell an und klebt am Topfboden fest.

Den gegarten Reis nach Belieben mit Salz würzen (das Salz erst hinzufügen, wenn der Reis fertig gegart ist). Oder mit wenig Zucker bestreuen, wenn der Reis süßer werden soll, oder etwas Vanille hinzufügen (Vanilleextrakt ist in Ordnung).

Der gegarte Milchreis ist vielleicht noch etwas dünnflüssig. Er nimmt die restliche Milch beim Abkühlen noch auf. Er kann gekühlt für die Zubereitung des Desserts verwendet werden oder er wird warm oder wieder aufgewärmt als einfacher Milchreis serviert (er sollte sogar noch etwas flüssig sein, denn sonst wird er beim Abkühlen zu einem festen Klumpen). Eventuell eine Hälfte Milchreis für das Reisdessert von Seite 152 im Kühlschrank kühl stellen. Die andere Hälfte ohne Deckel im Topf einige Minuten weiterköcheln lassen, bis der Milchreis wirklich schön dicksämig ist. Die Vanilleschote herausnehmen und wegwerfen.

Den heißen Milchreis in Dessertschälchen mit einem Stückchen Butter in der Mitte servieren und großzügig mit der Zucker-Zimt-Mischung (1 Teil gemahlener Zimt und 3 Teile Zucker) bestreuen.

Tipp: Wenn es etwas fettärmer werden soll, dann statt Vollmilch fettarme Milch verwenden. Der Milchreis ist dann nicht so cremig, schmeckt aber genauso köstlich.

risalamande / ris à la malta / riskrem

WEIHNACHTLICHER MILCHREIS

Das skandinavische Sprichwort »Ein geliebtes Kind hat viele Namen« trifft auch auf dieses Gericht zu, denn die Dänen haben den französischen Namen übernommen, der so viel bedeutet wie »Mandelreis«, während die Schweden die dänische Aussprache wohl falsch verstanden haben und ihn »Malteser-Reis« nennen. Nur für die Norweger ist er einfach nur »Reiscreme«.

50 g blanchierte ganze Mandeln
250 ml flüssige Sahne
2 EL Puderzucker
1 TL Vanillezucker oder Vanilleextrakt
½ Rezept Milchreis (siehe Seite 151), gekühlt

ERGIBT 6 PORTIONEN

Die Mandeln, außer einer Mandel, grob hacken.

Die Sahne mit dem Zucker und der Vanille steif schlagen und dann vorsichtig unter den Milchreis heben. Wenn der Milchreis zu kalt und zu fest ist, einige Zeit bei Zimmertemperatur stehen lassen. Dann lässt sich die Sahne besser untermischen. Die Mandeln hinzufügen, inklusive der ganzen Mandel, und den Milchreis auf Dessertschälchen verteilen. Im Kühlschrank kühl stellen und dann mit einer der unten stehenden Saucen servieren.

Einige Menschen bevorzugen einen sehr cremigen Milchreis, einige mögen ihn weniger cremig – also die Menge an Sahne entsprechend anpassen.

apelsinsås

SCHWEDISCHE ORANGENSAUCE

2–3 EL Orangensaft
75 g Kristallzucker
2 unbehandelte Orangen, geschält, enthäutet und entkernt

Bei der Zubereitung des Milchreis 2–3 EL Orangensaft unter die Schlagsahne mischen und diese erst dann unter den gegarten Milchreis heben. In einem Topf den Zucker mit 100 ml Wasser aufkochen lassen, bis er sich aufgelöst hat. Den Topf vom Herd nehmen. Die Orangen in 5 mm dicke Scheiben schneiden und zum warmen Zuckersirup geben und etwas durchziehen lassen. Den Milchreis mit Orangenscheiben dekorieren.

rød saus

NORWEGISCHE ROTE SAUCE

250 g tiefgekühlte Beeren (Himbeeren oder Erdbeeren sind gut)
50–100 g Kristallzucker zum Abschmecken
frischgepresster Zitronensaft (nach Belieben)

Die tiefgekühlten Beeren mit 100 ml Wasser und dem Zucker in einem Topf aufkochen und dann weiterköcheln lassen, bis die Beeren aufplatzen. Mit dem Mixstab fein pürieren. Eventuell einige Tropfen Zitronensaft hinzufügen und die Sauce zur *riskrem* servieren.

kirsebærsovs

DÄNISCHE KIRSCHSAUCE

1 gehäufter TL Speisestärke (oder Pfeilwurzmehl, denn das wird nicht trübe)
2 Gläser Sauerkirschen im Sirup (à 300 g)
1 TL Orangensaft
2 EL Rum
Kristallzucker (nach Belieben)

Die Speisestärke mit wenig Kirschsirup glatt verrühren. Die Kirschen und 250 ml Sirup in einem Topf aufkochen und die angerührte Speisestärke hinzufügen. Eine Minute kochen lassen, damit die Sauce eindickt. Dann den Topf vom Herd nehmen und den Orangensaft und den Rum unterrühren. Bei Bedarf mit Zucker süßen. Noch heiß zum kalten *risalamande* servieren.

kransekage/kransekake

KRANZTORTE

Wie überall auf der Welt, so stößt man in Skandinavien auf das neue Jahr an und lässt Feuerwerkskörper steigen. Doch es gibt für die Region auch ganz typische Bräuche. In Dänemark, zum Beispiel, stehen die Menschen kurz vor Mitternacht auf Stühlen, und wenn die Uhr Zwölf schlägt, steigen sie hinab ins neue Jahr. Eine andere, weitaus ungefährlichere Tradition ist das Essen von *kransekage.* Diese Torte aus Marzipanringen, die nach oben hin immer kleiner werden, wird häufig um Mitternacht mit einem Glas Champagner serviert. Sie ist so gehaltvoll, dass schon ein kleines Stück ausreichend ist.

Es ist am einfachsten, ein spezielles *kransekage*-Backset für diese Torten zu verwenden. *Kransekage*-Backformen sind meist nicht antihaftbeschichtet und sollten deshalb vorher immer mit einem Backspray eingesprüht werden (gibt es im gut sortierten Supermarkt oder über das Internet). Wenn du mutig genug bist und die Ringe ohne Backformen zubereitest, dann findest du auf meinem Blog bronteaurell.com die entsprechenden Maße.

FÜR EINE TORTE MIT 10 RINGEN:

100 g Eiweiß

100 g gemahlene Mandeln

100 g Puderzucker plus etwas Puderzucker zum Kneten

100 g extrafeiner Zucker

1 TL Mandelextrakt

500 g Marzipan (60 % Mandelanteil; falls du Marzipan mit 50 % findest, dann noch gemahlene Mandeln unterarbeiten)

FÜR DEN GUSS:

½–1 kleines Eiweiß

100 g Puderzucker (eventuell etwas mehr zugeben)

1 kransekage-Backset (über das Internet zu beziehen)

ERGIBT 15 PORTIONEN

Für die Ringe in einer Schüssel das Eiweiß schaumig rühren. Die gemahlenen Mandeln, den Puderzucker, den Zucker und den Mandelextrakt hinzufügen und zu einer glatte Paste verarbeiten. Das Marzipan grob reiben oder in kleine Stücke brechen und mit der Paste mischen. Der Teig wird nun klebrig sein, lässt sich aber dennoch weiter bearbeiten.

Den Teig in einen Plastikbeutel füllen und vor der weiteren Bearbeitung für mindestens 1 Stunde in den Kühlschrank legen.

Den Backofen auf 200 °C (Gas Stufe 6) vorheizen.

Ein Stück vom Teig abschneiden und mit etwas Puderzucker kneten, bis er gut gerollt werden kann. Das erste Stück zu einer Rolle verarbeiten (noch etwas Puderzucker unterarbeiten, wenn der Teig zu klebrig ist, sonst bricht der Ring beim Backen). Die Ringe müssen glatt und gleichmäßig dick sein – eventuell mit einem Lineal nachmessen. Wenn sie nicht perfekt gearbeitet sind, wird der Turm später zu wacklig. Lieber einen Schritt wiederholen. Ein Glas Wasser bereitstellen, um mit angefeuchteten Fingern kleine Unebenheiten zu glätten. Zunächst mit dem kleinsten Backring beginnen und nacheinander mit den größeren Ringen arbeiten. Insgesamt sollen zehn perfekte Kranzringe geformt werden. Der Teigstrang sollte 1–1,25 cm dick sein. Mit eventuellen Teigresten noch mit der Hand die Spitze des Turms formen und auf ein Stück Backpapier legen.

Die Backformen auf das mit Backpapier ausgelegte Backblech setzen (niemals direkt aufsetzen) und auf der mittleren Schiene des vorgeheizten Backofens nacheinander jeden Ring in 10–12 Minuten goldgelb backen.

Aus dem Backofen nehmen und kurz in der Form abkühlen und trocknen lassen, erst dann den Ring aus der Form nehmen.

Zum Zusammensetzen der Torte zunächst den Guss anrühren. Das Eiweiß mit dem Puderzucker mischen und bei Bedarf noch etwas Puderzucker zusätzlich

Fortsetzung von Seite 155

unterrühren. Die Masse sollte gut ihre Form halten, aber trotzdem noch leicht genug sein, damit sie in einem Spritzbeutel mit einer kleinen Tülle (Größe 2) verarbeitet werden kann. Wenn der Guss nach dem Aufspritzen noch zerläuft, wird die Torte unordentlich aussehen. Statt mit einer Tülle zu arbeiten, kann auch ein fester Spritzbeutel verwendet werden, bei dem die Spitze abgeschnitten wird.

Es ist ganz wichtig, dass die Außenseite der Kränze gut aussieht, denn die Innenseite wird bis zum Verzehr nicht zu sehen sein. Zum Dekorieren mit dem Guss mit dem unteren Kranz beginnen und ein feines Schlingenmuster gleichmäßig aufspritzen. Dazu am inneren Rand ansetzen und in einer fließenden Bewegung zum äußeren Rand arbeiten. Darauf achten, dass die Gusslinien möglichst dicht zusammenliegen und kein Zickzackmuster entsteht. Wenn der Spritzbeutel zwischendurch abgesetzt wird, dann sollte das möglichst am inneren Rand sein.

Das Aufspritzen ist recht zeitaufwendig. Aber der Aufwand lohnt sich. Nachdem alle Kränze einzeln mit Guss dekoriert sind, die Torte zusammensetzen. Zuerst den größten Teigkranz auf eine Tortenplatte setzen und auf den inneren Kranzrand Tupfen aus wenig Guss setzen, dann den zweiten Kranz aufsetzen. Mit allen Ringen so verfahren, bis der Turm fertig ist. Zum Schluss die Spitze aufsetzen.

Traditionell wird der *kransekage* mit kleinen Fähnchen, Papierschlangen oder Mini-Weihnachtscrackern dekoriert.

Tipp: Die Kränze lassen sich bis zu 3 Monate tiefkühlen. Die Torte ist bei Zimmertemperatur einige Tage haltbar. Sie kann also gut im Voraus zubereitet werden.

REGISTER

DANKSAGUNG

»Hele verden er en række af underværker … men vi er så vante til dem, at vi kalder dem hverdagsting.«

»Die ganze Welt ist eine Reihe von Wundern, aber wir sind so daran gewöhnt, dass wir sie gewöhnlich nennen.«

Hans Christian Andersen
Tak

Jonas, Astrid and Elsa: Ihr macht Weihnachten wahr. Ich liebe euch.

Danke an das Team von RPS, das so hart an diesem Buch gearbeitet hat: Cindy Richards, Julia Charles, Leslie Harrington, Sonya Nathoo, Pete Cassidy, Gillian Haslam, Tony Hutchinson, Kathy Kordalis (mit Unterstützung von Anna Hiddleston, Evangeline Harbury, Rebecca Spooner und Lizzie Wedderburn) und Patricia Harrington.

David Jørgensen, ich kenne keinen Menschen, der Weihnachten mehr liebt. Deine Freude an *juletide* macht mich glücklich! Danke auch, dass du mein bester Freund bist und für deinen roten Korrekturstift, mit dem du alles findest, was wichtig ist.

Meinen Agenten Jane Graham Maw und Vivienne Clore danke ich, dass sie mich einfangen und daran erinnern, mich auf das Wesentliche zu konzentrieren.

Die Großfamilien der Blomhøjs und Aurells und Ginny Clowes probieren eifrig alles, was ich koche und backe. Danke an Live Sørdal und Martina Wade (und an ihre Mütter in Norwegen), die mir mit den norwegischen Themen helfen. Rebekka Barnung und das gesamte »ScandiKitchen«-Team. Ich danke Phil Thoms, David Holberton und David Cross für ihre Einschätzung, dass es »vermutlich eine gute Idee« wäre, ein Weihnachtsbuch zu schreiben! Danke an Jon Anders Fjelsrud für die Aquavit-Tipps und an Sandi Toksvig für ihre Unterstützung und Ermunterung – immer und überall.

Meine Kochbücher zu schreiben war nie eine Sache von mir allein. Hinter den Kulissen haben mich in all den Jahren dutzende wunderbare Leute unterstützt – von den Mitarbeitern der »ScandiKitchen« zu unseren Gästen dort, die unser Café tagtäglich besuchen und Kaffee bei uns trinken. Bis hin zu den tausenden Fans und Freunden in den sozialen Netzwerken, die aus aller Welt stammen und uns folgen, ebenso wie die skandinavische Gemeinde in Großbritannien und so viele andere großartige Menschen. Hier ist gar nicht genug Platz, ihnen allen zu danken, aber ihr wisst, wen ich meine. Dieses Buch ist für euch – mit jeder Menge Weihnachtsliebe.

Zu guter Letzt: Danke an Michael Bublé, dass er das Album »Christmas« gemacht hat.

GOD JUL
GLÆDELIG JUL
GOD JUL
Och nu är det jul
med pepparkaksbak,
Då alla vill tralla
och sjunga,
Då glädjen står
högt uti alla tak,
God Jul både gamla
och unga!
E.E.
GOD JUL!